van Bühren Unfallregulierung

ANWALTSPRAXIS
DeutscherAnwaltVerein

Unfallregulierung

Beratungspflichten,
Schadenminderungspflicht,
Schadenpositionen

Von
Rechtsanwalt und
Fachanwalt für Versicherungsrecht
Dr. Hubert W. van Bühren, Köln

4. Auflage 2005

DeutscherAnwaltVerlag

Zitiervorschlag:
van Bühren, Unfallregulierung, § 1 Rn 1

Copyright 2005 by Deutscher Anwaltverlag, Bonn
Satz: Cicero Computer GmbH, Bonn
Druck: Hans Soldan Druck GmbH, Essen
ISBN 3-8240-0708-8

Bibliografische Information der Deutschen Bibliothek
Die Deutsche Bibliothek verzeichnet diese Publikation in der Deutschen Nationalbibliografie; detaillierte bibliografische Daten sind im Internet über http://dnb.ddb.de abrufbar.

Vorwort zur 4. Auflage

Die Vorauflagen haben bei Rechtsanwälten, Richtern und Haftpflichtversicherern gleichermaßen Anklang gefunden, die 3. Auflage war bereits kurz nach ihrem Erscheinen vergriffen.

Seit dem Erscheinen der 3. Auflage im Juli 2002 haben sich die Grundlagen der Schadenregulierung und die Rechtsprechung erheblich verändert. Durch mehrere Entscheidungen des BGH sind die Streitfragen zur Mehrwertsteuer ebenso entschieden worden, wie zur fiktiven Schadenabrechnung und zum Restwerterlös. Dargestellt ist auch die Rechtsprechung des BGH zum Unfallersatztarif.

In der 4. Auflage wurde berücksichtigt, dass nunmehr die Rechtsanwaltsgebühren nach dem RVG abzurechnen sind. Der Wegfall des DAV-Gebührenabkommens/der Gebührenempfehlung hat zu erheblichen Irritationen geführt. Mehrere Versicherer bieten jedoch eine ähnliche Abrechnungsmethode an, die als „Arbeitsanweisung" veröffentlicht worden ist. Diese Abrechnung entspricht im Wesentlichen dem früheren Gebührenabkommen und sieht eine mäßige Erhöhung vor. Anstelle der bisher üblichen 15/10-Gebühr wird nunmehr eine 1,8-Gebühr angeboten.

Die Bearbeitungshinweise beruhen auf der aktuellen Rechtsprechung, die im Anschluss an jedes Problemfeld in einer gesonderten Übersicht dargestellt wird. Schaubilder erleichtern die Berechnung der Schadenersatzansprüche bei Inanspruchnahme der Vollkaskoversicherung (Quotenvorrecht/Differenztheorie). Die abgedruckten Musterklagen und Muster von Klageerwiderungen sind aktualisiert worden. Schließlich findet der Benutzer dieses Buches im Anhang den Fragebogen für Anspruchsteller und das Merkblatt zur Bearbeitung von Autohaftpflichtschäden durch den Verein Deutsches Büro Grüne Karte und den Verein Verkehrsopferhilfe e. V. soweit über Hilfestellungen des Deutschen Büros Grüne Karte bei Schadenfällen im Ausland.

Abgedruckt sind auch die von der Allianz entwickelten „Arbeitsanweisungen" zur Abrechnung von Rechtsanwaltsgebühren" und die Liste der Versicherer, die entsprechend abrechnen.

Vorwort

Von dem Abdruck der Nutzungsausfalltabelle „Sanden/Danner/Küppersbusch" wurde abgesehen, da diese Tabelle jährlich aktualisiert und in den meisten Fachzeitschriften veröffentlicht wird.

Köln, im Juli 2005　　　　　　　　　　　　　　Dr. Hubert W. van Bühren

Inhaltsverzeichnis

§ 1	**Übernahme des Mandats**	15
	1. Unfallhelferringe	15
	2. Zentralruf	17
	3. Fragebogen für Anspruchsteller	17
	4. Hinweispflichten	18
§ 2	**Haftpflichtversicherung**	19
	1. Anzeigepflicht	19
	2. Regulierungsvollmacht	20
	3. Prozessführungsbefugnis	21
§ 3	**Vollkaskoversicherung**	24
	1. Anzeigepflicht (§ 7 I 2 AKB)	24
	2. Neuwertersatz	24
	3. Quotenvorrecht / Differenztheorie	25
	a) Kongruenter Fahrzeugschaden	25
	b) Sachfolgeschaden	26
	c) Schadenberechnung	26
	4. Bearbeitungshinweis	27
	5. Sachverständigenverfahren (§ 14 AKB)	28
	6. Anwaltskosten	29
§ 4	**Teilkaskoversicherung**	30
§ 5	**Schadenminderungspflicht**	31
	1. Umfang der Schadenminderungspflicht	31
	a) Grenzen der Schadenminderungspflicht	31
	b) Objektiver Maßstab	32
	c) Zumutbarkeit	32
	2. Erfüllungsgehilfen	32
	3. Auswahlverschulden	33
	4. Überwachungsverschulden	34
	5. Beweislast	34
	a) Erforderlicher Geldbetrag	34
	b) Beweislast	34

c) § 287 ZPO		35
d) § 254 BGB		35
6. Beispiele aus der Rechtsprechung		35

§ 6 Die einzelnen Schadenpositionen ... 37

1. Fahrzeugschaden ... 37
   - a) Dispositionsbefugnis des Geschädigten ... 37
   - b) Neuwertentschädigung ... 38
   - c) Reparaturkosten ... 40
   - d) Beratungshinweis ... 43
   - e) 130 %-Rechtsprechung ... 44
   - e) Beratungshinweis ... 49
   - f) Restwerterlös ... 49
   - g) Beratungshinweis ... 52
   - h) Rechtsprechungsübersicht ... 52
     - aa) Rechtsprechung zugunsten des Geschädigten ... 52
     - bb) Rechtsprechung zugunsten des Schädigers ... 54
2. Mietwagenkosten ... 55
   - a) Verzicht auf Mietwagen ... 55
   - b) Mietwagendauer ... 55
   - c) Notreparatur ... 57
   - d) Interimsfahrzeug ... 57
   - e) Preisvergleich ... 58
   - f) Unfallersatztarif ... 58
   - g) Sondertarife ... 60
   - h) Missverhältnis zu den Reparaturkosten ... 60
   - i) Ausfall älterer Fahrzeuge ... 61
   - j) Zu hohe Kilometerleistung ... 62
   - k) Zu niedrige Kilometerleistung ... 63
   - l) Fahrzeugklasse ... 64
   - m) Haftungsfreistellung ... 64
   - n) Abzüge für Eigenersparnis ... 65
   - o) Beratungshinweis ... 66
   - p) Rechtsprechungsübersicht ... 67
     - aa) Rechtsprechung zugunsten des Geschädigten ... 67
     - bb) Rechtsprechung zugunsten des Schädigers ... 68
   - q) Miettaxi ... 71

	aa) Rechtsberatungsgesetz	71
	bb) Verhältnismäßigkeit	71
	cc) Rechtsprechungsübersicht	73
3.	Nutzungsausfallentschädigung	74
	a) Nutzungswert	74
	b) Ausfall gewerblich genutzter Fahrzeuge	75
	c) Schadenminderungspflicht	76
	d) Nutzungsmöglichkeit	77
	e) Selbstreparatur	77
	f) Ausfall älterer Fahrzeuge	78
	g) Beratungshinweis	78
	h) Rechtsprechungsübersicht	79
	aa) Rechtsprechung zugunsten des Geschädigten	79
	bb) Rechtsprechung zugunsten des Schädigers	79
4.	Sachverständigenkosten	81
	a) Ersatzpflichtiger Sachfolgeschaden	81
	b) Auswahl des Sachverständigen	81
	c) Bagatellgrenze	82
	d) Kostenvoranschlag	83
	e) Unbrauchbares Gutachten	83
	f) Honorarhöhe	84
	g) Vertrag mit Schutzwirkung zugunsten Dritter	85
	h) Beratungshinweis	85
	i) Rechtsprechungsübersicht	85
	aa) Rechtsprechung zugunsten des Geschädigten	85
	bb) Rechtsprechung zugunsten des Schädigers	86
5.	Abschleppkosten	87
6.	Merkantiler Minderwert	88
	a) Berechnung	88
	b) Ältere Fahrzeuge	89
	c) Bagatellschäden/Vorschäden	89
	d) Rechtsprechungsübersicht	89
	aa) Rechtsprechung zugunsten des Geschädigten	89
	bb) Rechtsprechung zugunsten des Schädigers	90
7.	Kreditkosten	90
	a) Erforderlichkeit	90
	b) Vorlagepflicht	90

Inhaltsverzeichnis

	c) Günstige Finanzierungsart	91
	d) Inanspruchnahme der Vollkaskoversicherung	91
	e) Sonstige Finanzierungsmöglichkeiten	92
	f) Kostenvergleich	92
	g) Beratungshinweis	93
	h) Rechtsprechungsübersicht	93
	aa) Rechtsprechung zugunsten des Geschädigten	93
	bb) Rechtsprechung zugunsten des Schädigers	93
8.	Regulierungskosten	94
	a) Größere Unternehmen	94
	b) Privatleute	94
	c) Beratungshinweis	95
9.	Rückstufungsschaden	95
	a) Feststellungsklage	95
	b) Schadenminderungspflicht	96
	c) Leistungsverbesserungen	96
	d) Haftpflichtversicherung	96
10.	Wiederbeschaffungskosten	96
11.	Ummeldekosten	97
12.	Weitere Nebenkosten	98
13.	Kostenpauschale	98

§ 7 Personenschäden 99
1. Behandlungspflicht 99
2. Erwerbsobliegenheit 99
3. Heilungskosten 101
4. Vermehrte Bedürfnisse 102
5. Verdienstausfall 102
6. Haushaltsführungsschaden 104
7. Schmerzensgeld 105
   a) Anspruchsgrundlage 105
   b) Bemessungsgrundlage 105
   c) Übertragbarkeit 106
   d) Beweislast 106
   e) Arbeitsunfälle 107
   f) Rechtsprechungsübersicht 108
      aa) Rechtsprechung zugunsten des Geschädigten ... 108

Inhaltsverzeichnis

       bb) Rechtsprechung zugunsten des Schädigers 109
  8. Beratungshinweis 110

§ 8 Mittelbar Geschädigte 111
  1. Beerdigungskosten 111
  2. Entgangene Unterhaltsleistungen 111
  3. Entgangene Dienstleistung 112
  4. Arbeitgeber 113

§ 9 Mehrwertsteuer 114

§ 10 Anwaltskosten 115
  1. Erforderlichkeit 115
  2. Erstattungspflicht 116
  3. Hebegebühren 117
  4. Gebührenabkommen/Arbeitsanweisung 118
  5. Abkommen über die Vergütung von Aktenauszügen aus Unfallstrafakten 119
  6. Rechtsprechungsübersicht 119
      a) Rechtsprechung zugunsten des Geschädigten 119
      b) Rechtsprechung zugunsten des Schädigers 120

§ 11 Verdienstausfall 121

§ 12 Rechtsschutzversicherungen 122
  1. Bedeutung der Rechtsschutzversicherung 122
  2. Anzeigepflicht 122
  3. Wartezeit (§ 4 ARB 94) 123
  4. Obliegenheiten (§ 17 ARB 94) 123
  5. Unfallflucht 123
  6. Kostenbeteiligung bei der Unfallregulierung 124

§ 13 Klageerhebung 125
  1. Mahnbescheid 125
  2. Prozessparteien 125
  3. Gerichtsstand 126
  4. Beweisführung 127

§ 14 Entschädigungsfonds (§ 12 PflVG) 129

Inhaltsverzeichnis

§ 15 Unfälle im Ausland 130

§ 16 Inlandunfälle mit Auslandsbeteiligung 132

§ 17 Verjährung 133

§ 18 Ausschlussfrist 134

Anhang 135
    I. Checkliste: Unfallregulierung 135
    II. Unfallfragebogen 137
    III. Schaubilder zur Schadensberechnung bei Inanspruchnahme der Vollkaskoversicherung 139
    IV. Merkblatt zur Bearbeitung von Auto-Haftpflichtschäden durch den Verein Deutsches Büro Grüne Karte und den Verein Verkehrsopferhilfe sowie über die Möglichkeiten der Hilfestellung des Deutschen Büros Grüne Karte bei Schadenfällen im Ausland 144
    V. Arbeitsanweisungen zur Abrechnung von Rechtsanwaltsgebühren 152
    VI. Muster 157

Stichwortverzeichnis 189

Einleitung: Beratungspflichten in der Unfallregulierung

Die Bearbeitung von Unfallsachen gehört zum Alltag jeder allgemeinen Praxis. 1

Neben einer eventuellen Vertretung in einem Strafverfahren oder Bußgeldverfahren geht es in erster Linie um die Geltendmachung von Schadenersatzansprüchen gegen die Haftpflichtversicherung des Schädigers und/oder die Kaskoversicherung des Mandanten.

Dem Geschädigten, der damit rechnet, dass die Kosten der Schadenbeseitigung entweder von der gegnerischen Haftpflichtversicherung oder von seiner eigenen Kaskoversicherung getragen werden, ist die Höhe der Schadenbeseitigungskosten gleichgültig. Dies führt dazu, dass er oft „blind" den Reparaturauftrag erteilt und sich auch sorglos mit einem Mietwagen „verwöhnen" lässt, obgleich er ein solches Fahrzeug gar nicht benötigt. 2

Der Geschädigte, der sich allzu sorglos und desinteressiert bei der Unfallregulierung verhält, geht das Risiko ein, einen Teil des Schadens selbst tragen zu müssen, wenn er bei der Auftragserteilung die im Verkehr erforderliche Sorgfalt (§ 276 BGB) außer Acht gelassen hat. 3

Die beauftragte Werkstatt und der mit der Schadenfeststellung beauftragte Sachverständige sind zwar nicht Erfüllungsgehilfen des Geschädigten, sondern des Schädigers. Gleichwohl muss der Geschädigte den Teil des Schadens selbst tragen, der dadurch entsteht, dass er eine offensichtlich ungeeignete Werkstatt beauftragt oder ein offenkundig mangelhaftes Sachverständigengutachten eingeholt hat.

Wenn dann die gegnerische Haftpflichtversicherung nur einen Teil des Schadens zu ersetzen hat, wendet sich der Mandant oft vorwurfsvoll an den beauftragten Rechtsanwalt, der ihn nicht hinreichend aufgeklärt und beraten habe. 4

Jeder mit der Unfallregulierung beauftragte Rechtsanwalt sollte daher bei Übernahme des Mandats seinem Mandanten empfehlen, bei der Schadenbe- 5 seitigung keinen Aufwand zu betreiben, den er bei einem Eigenschaden nicht auf sich genommen hätte.

Hinweis
Jedem Mandanten in Unfallsachen sollte daher – gefragt oder ungefragt – der Rat erteilt werden, sich so zu verhalten, wie wenn er den Schaden selbst bezahlen müsste und eine eintrittspflichtige Haftpflichtversicherung nicht vorhanden wäre.

6 Auch und vor allem bei der Unfallregulierung gilt das allgemeine Bereicherungsverbot: Der Geschädigte darf am Schadenfall nicht „verdienen",[1] ebenso wenig ist er jedoch verpflichtet, „in die Tasche des Schädigers" zu sparen.

7 Ein Rechtsanwalt, der mit der Geltendmachung von Schadenersatzansprüchen aus einem Verkehrsunfall beauftragt ist, muss seinen Mandanten auch darauf hinweisen, dass er bei Fremdschaden **seine Haftpflichtversicherung unterrichten** muss; ebenso gehört es zu den Nebenpflichten aus dem Anwaltsvertrag, den Geschädigten auf die Möglichkeit hinzuweisen, dass er gegebenenfalls seine Vollkaskoversicherung oder Teilkaskoversicherung in Anspruch nehmen kann.

---

[1] *Geier*, zfs 1996, 321 ff.

§ 1 Übernahme des Mandats

Bereits bei Übernahme des Mandats sollte der Geschädigte darauf hingewiesen werden, dass er sich **schadenmindernd** zu verhalten hat (§ 254 BGB); der gegnerische Versicherer braucht in der Regel keinen Aufwand zu ersetzen, den der Geschädigte bei einem Eigenschaden nicht auf sich genommen hätte.[1] Gerade bei einer klaren Haftung des Unfallgegners neigen Geschädigte dazu, einen möglichst hohen Kostenaufwand für die Schadenbeseitigung zu betreiben oder von Mietwagenunternehmen und Werkstätten zu akzeptieren, da die Gegenseite ohnehin „alles bezahlen" muss.

1

Hier ist es Aufgabe des beauftragten Rechtsanwalts, sofort darauf hinzuweisen, dass nur der zur Schadenbeseitigung tatsächlich notwendige Aufwand ersetzt wird.

1. Unfallhelferringe

Oft sucht der Geschädigte seinen Rechtsanwalt erst auf, wenn er bereits einen Reparaturauftrag erteilt, einen Sachverständigen beauftragt und einen Mietwagen in Anspruch genommen hat. Es gab und gibt immer noch eine Vielzahl von Unfallhelferringen, die einen **„kompletten Unfallservice"** anbieten, der angeblich für den Geschädigten ohne Risiko ist. Oft wird ein geringer Schaden durch kollusives Zusammenwirken zwischen Werkstatt, Mietwagenunternehmen und Sachverständigen vervielfacht, ohne dass der Geschädigte darauf Einfluss nimmt oder auch Einfluss nehmen kann, weil er sich nicht um die Schadenbeseitigung kümmert. Die in diesem Zusammenhang abgeschlossenen Verträge sind in der Regel wegen eines Verstoßes gegen das **Rechtsberatungsgesetz nichtig**;[2] dies gilt auch für die auf Veranlassung eines Unfallhelferrings erteilte Prozessvollmacht.[3]

2

---

1 BGH r+s 1986, 257; LG Köln zfs 1987, 137, 138.
2 BGH DAR 1994, 314; BGH VersR 1996, 775; OLG Nürnberg NZV 1992, 366; OLG Naumburg r+s 1994, 178; LG Wiesbaden VersR 1996, 56; LG Leipzig SP 1996, 84; LG Berlin VersR 1996, 1250; LG Siegen SP 1996, 248; AG Eisenach SP 1995, 404.
3 LG Frankenthal VersR 1996, 777.

§ 1 Übernahme des Mandats

3   Auch die Abtretung an ein Inkassobüro, das zur Rechtsberatung zugelassen ist, ist nichtig, wenn das Mietwagenunternehmen dies veranlasst, um das Rechtsberatungsgesetz und die hierzu ergangene Rechtsprechung zu umgehen.[4] Ebenso liegt ein Verstoß gegen das Rechtsberatungsgesetz vor, wenn dem Mieter zielbewusst die Geltendmachung seiner Ansprüche abgenommen wird.[5]

4   Geht es dem Mietwagenunternehmen im Wesentlichen darum, die durch Abtretung eingeräumte Sicherung zu verwirklichen, so besorgt es keine Rechtsangelegenheit des geschädigten Kunden, sondern eine eigene Angelegenheit.[6]

5   Ebenso verstößt eine Reparaturwerkstatt nicht gegen das Rechtsberatungsgesetz, wenn sie für den Unfallgeschädigten einen Sachverständigen beauftragt und/oder ein Ersatzfahrzeug anmietet oder reserviert.[7]

6   Gleichwohl sieht sich der Geschädigte zunächst den vertraglichen Ansprüchen seiner vermeintlichen Vertragspartner ausgesetzt, wenn die gegnerische Haftpflichtversicherung nur den tatsächlichen Schaden reguliert.

Bei Übernahme des Mandats sollte daher sofort gefragt werden, ob bereits irgendwelche Absprachen mit Werkstätten, Mietwagenunternehmen oder Sachverständigen getroffen worden sind und ob möglicherweise sogar die Stapelvollmacht eines Rechtsanwalts, der mit derartigen Unfallhelferringen zusammen arbeitet, unterschrieben worden ist.

7   Ein Hinweis an die Beteiligten des Unfallhelferrings, dass die in diesem Zusammenhang unterzeichneten Verträge gemäß **§ 134 BGB nichtig** sind,[8] genügt bereits in der Regel, die Aktivitäten der Unfallhelfer zumindest im konkreten Fall zu unterbinden.

---

4 BGH zfs 2003, 344 = VersR 2003, 656 = SP 2003, 205; BGH NJW 2004, 2516; OLG Hamm NZV 2003, 286.
5 OLG Stuttgart NZV 2003, 142 = VersR 2003, 786; LG Köln SP 2003, 205.
6 BGH zfs 2005, 75 = DAR 2005, 73 = MDR 2005, 331.
7 BGH SP 2000, 274 = DAR 2000, 354 = VersR 2002, 80.
8 OLG Naumburg r+s 1994, 178.

2. Zentralruf

In Unfallsachen ist eine zügige Schadenregulierung nur dann gewährleistet, wenn die eintrittspflichtige gegnerische Haftpflichtversicherung kurzfristig über den Schadenhergang und die Schadenhöhe unterrichtet wird. Eine Korrespondenz mit dem **Halter** oder **Fahrer** des schädigenden Fahrzeuges ist in der Regel **überflüssig** und unergiebig, entscheidend ist, dass der gegnerische Haftpflichtversicherer, der letztlich die Regulierung vornehmen wird, unverzüglich in Anspruch genommen wird.   8

Der Gesamtverband der Versicherungswirtschaft (GDV) hat einen Zentralruf der Autoversicherer eingerichtet, der **„rund um die Uhr"** und am Wochenende Auskunft gibt über den eintrittspflichtigen Haftpflichtversicherer, wenn das amtliche Kennzeichen des schädigenden Fahrzeuges genannt wird.   9

Dieser Zentralruf ist unter der bundeseinheitlichen Rufnummer **01 80 / 2 50 26** zu erreichen.

Per Telefax kann diese Auskunft ebenfalls eingeholt werden. Die Telefaxnummer lautet: **0 40 / 33 96 54 01**.

Die Anfrage beim Zentralruf hat einen weiteren Vorteil: Der eintrittspflichtige **Haftpflichtversicherer** wird vom Zentralruf **informiert** und kann sich sofort mit dem Versicherungsnehmer in Verbindung setzen und die Übersendung der Schadenanzeige veranlassen.   10

3. Fragebogen für Anspruchsteller

Es dient der Vereinfachung und auch der beschleunigten Bearbeitung sowohl in der Kanzlei als auch beim gegnerischen Haftpflichtversicherer, das Formular „Fragebogen für Anspruchsteller" zu verwenden, das der Deutsche Anwaltverein gemeinsam mit dem früheren HUK-Verband entwickelt hat.[9]   11

Sämtliche Fragen in diesem Vordruck sind sachgerecht, auch die nach der Versicherung des eigenen Fahrzeuges: Einige Haftpflichtversicherer sind miteinander durch Schadenteilungsabkommen verbunden, ohne dass insoweit das   12

---

9 Abdruck im Anhang.

§ 1 Übernahme des Mandats

Versicherungsverhältnis und vor allem der Schadenfreiheitsrabatt berührt werden, wenn aufgrund dieses Schadenteilungsabkommens Zahlungen erfolgen.

4. Hinweispflichten

13 Bei Übernahme des Mandats sollte der Geschädigte nicht nur auf seine Schadenminderungspflicht hingewiesen werden, ihm sollte auch unter Berücksichtigung der nachfolgenden Ausführungen empfohlen werden,
- einen Sachverständigen seines Vertrauens zu beauftragen,
- nach Möglichkeit auf einen Mietwagen zu verzichten und Nutzungsentschädigung in Anspruch zu nehmen,
- eine Werkstatt seines Vertrauens zu beauftragen.

§ 2 Haftpflichtversicherung

Auch wenn ein Rechtsanwalt lediglich damit beauftragt wird, Schadenersatzansprüche aus einem Verkehrsunfall gegen den Schädiger und dessen Haftpflichtversicherung geltend zu machen, gehört es zu seinen vertraglichen Nebenpflichten, den Mandanten auf seine **Obliegenheiten** gegenüber dem eigenen Haftpflichtversicherer hinzuweisen.[1]

1. Anzeigepflicht

Gemäß § 7 I 2 AKB ist jeder Versicherungsfall „dem Versicherer vom Versicherungsnehmer **innerhalb einer Woche** schriftlich anzuzeigen". Die Definition des Versicherungsfalles ergibt sich aus § 7 I 1 AKB:

> „Versicherungsfall im Sinne dieses Vertrages ist das Ereignis, das einen unter die Versicherung fallenden Schaden verursacht oder – bei der Haftpflichtversicherung – Ansprüche gegen den Versicherungsnehmer zur Folge haben könnte."

Damit ist das **Schadenereignis** selbst als Versicherungsfall anzusehen, der **Eintritt des Schadens** oder die Entstehung von Haftpflichtansprüchen ist **nur Bedingung** der Leistungspflicht des Versicherers.[2]

§ 7 I 2 AKB ist eine Konkretisierung der Anzeigepflicht gemäß § 33 VVG. Hat daher der Versicherer **anderweitig** – beispielsweise durch den Geschädigten – Kenntnis vom Versicherungsfall erhalten, ist in der Regel der Verstoß gegen die Anzeigepflicht wirkungslos.[3]

Wenn dann der Versicherer den Versicherungsnehmer auffordert, sich zum Schadenhergang zu äußern und ein Schadenformular auszufüllen, ist der Versicherungsnehmer gehalten, dieser Aufforderung **unverzüglich** nachzukommen. Die Schadenanzeige muss so vollständig wie möglich sein, um dem Versicherer die Bearbeitung und sachgemäße Entscheidung über die Abwicklung des Versicherungsfalles zu ermöglichen.

---

1 Vgl. *van Bühren/Boudon*, Handbuch Versicherungsrecht, § 2 Rn 54 ff.
2 *Stiefel/Hofmann*, § 7 AKB Rn 4 m.w.N.
3 *Stiefel/Hofmann*, § 7 AKB Rn 18.

§ 2 Haftpflichtversicherung

6 Verletzt ein Versicherungsnehmer seine Aufklärungsobliegenheit vorsätzlich, besteht im Innenverhältnis Leistungsfreiheit nach Maßgabe von § 7 V AKB: Die **Leistungsfreiheit** ist auf einen Betrag von **2.500 EUR** beschränkt, bei einer besonders schwerwiegenden Obliegenheitsverletzung auf einen Betrag von **5.000 EUR** (vor dem 4.8.1994 beliefen sich die Regressbeträge auf 1.000 DM bzw. 5.000 DM).

7 Ein **vorsätzlicher Verstoß** gegen die Aufklärungsobliegenheit wird in der Rechtsprechung nur dann angenommen, wenn der Versicherungsnehmer die Verhaltensnorm gekannt hat, gegen die er gehandelt hat.[4]

8 Bei einer **grob fahrlässigen Verletzung** der Aufklärungsobliegenheit besteht Leistungsfreiheit in Höhe von 2.500 EUR bzw. 5.000 EUR nur dann nicht, wenn die Obliegenheitsverletzung „weder Einfluss auf die Feststellung des Versicherungsfalles noch auf die Feststellung oder den Umfang der dem Versicherer obliegenden Leistung gehabt hat" (§ 7 V 1 AKB).

9 Eine vorsätzliche oder grob fahrlässige Verletzung der Aufklärungsobliegenheit ist auch dann gegeben, wenn der Versicherungsnehmer eine **wahrheitswidrige Unfallschilderung** abgibt; bei einer objektiv falschen Schadenmeldung spricht eine tatsächliche Vermutung für vorsätzliches Handeln des Versicherungsnehmers.[5]

Hinweis
Wenn der mit der Schadenregulierung beauftragte Rechtsanwalt die „lästige" Obliegenheit der Schadenanzeige seinem Mandanten abnimmt, wird er hierdurch bei dem Haftpflichtversicherer **„aktenkundig"** und oft auch als Prozessanwalt beauftragt, falls es zu einem Rechtsstreit kommt. In der Regel genügt es, dem Haftpflichtversicherer das Anspruchsschreiben in Kopie zu übersenden.

2. Regulierungsvollmacht

10 Im Rahmen der Regulierungsbefugnis gilt der Versicherer als bevollmächtigt, „alle ihm zur Befriedigung oder Abwehr der Ansprüche zweckmäßig erschei-

---

4 *Stiefel/Hofmann*, § 7 AKB Rn 19 m.w.N.
5 OLG München VersR 1981, 1170.

nenden Erklärungen im Namen der versicherten Personen abzugeben" (§ 10 Abs. 7 AKB).

Die Regulierungsbefugnis des Versicherers ist sehr **weitgehend,** da ihm ein großer Ermessensspielraum eingeräumt wird.[6] **Nur bei unsachgemäßer Regulierung offensichtlich unbegründeter Ansprüche** muss der Versicherer dem Versicherungsnehmer Prämiennachteile ersetzen.[7]

11

Ein vom Versicherungsnehmer gegenüber seiner Haftpflichtversicherung ausgesprochenes **„Regulierungsverbot"** ist in den meisten Fällen wirkungslos, für den Haftpflichtversicherer jedenfalls **nicht verbindlich.** Soll gleichwohl eine Schadenregulierung verhindert werden, kann dem Haftpflichtversicherer allenfalls angeboten werden, das Prozessrisiko eines Rechtsstreites zu übernehmen.

12

Aber: Die Kosten dieses Rechtsstreites trägt **keine Rechtsschutzversicherung.**

3. Prozessführungsbefugnis

Wenn gegen den Versicherungsnehmer Haftpflichtansprüche gerichtlich geltend gemacht werden, hat er „die Führung des Rechtsstreites dem Versicherer zu überlassen" (§ 7 II 5 AKB). Diese Prozessführungsbefugnis beinhaltet auch und vor allem das Recht des Versicherers, den **Prozessanwalt** für den Versicherungsnehmer und die übrigen Versicherten zu bestellen.

13

Da der Haftpflichtversicherer – anders als der Rechtsschutzversicherer – nicht nur das Kostenrisiko, sondern auch das Sachrisiko trägt, liegt in dieser Prozessführungsbefugnis **kein Verstoß gegen die freie Anwaltswahl.**[8]

14

Versicherungsnehmer, die einen Rechtsanwalt eigener Wahl beauftragen, begehen eine Obliegenheitsverletzung mit der Rechtsfolge, dass die Anwaltskosten von ihnen selbst zu tragen sind. Ein Rechtsanwalt, der unter Missachtung der Prozessführungsbefugnis des Haftpflichtversicherers gleichwohl ein

15

---

6 LG Frankenthal zfs 1991, 347.
7 OLG Köln VersR 1985, 632; LG Duisburg NJW-RR 1986, 1353; LG Frankenthal zfs 1991, 347; OLG Köln r+s 1992, 261 = zfs 1992, 342; LG Kleve r+s 1992, 328; AG Münster zfs 1992, 376.
8 Vgl. *van Bühren,* AnwBl 1987, 13 mit Rechtsprechungsübersicht.

§ 2 Haftpflichtversicherung

Mandat annimmt, hat **keinen Gebührenanspruch** gegen seinen Auftraggeber, wenn er ihn nicht darüber belehrt hat, dass er in jedem Fall die Prozesskosten selbst zu tragen hat; es liegt dann ein Verstoß gegen die Beratungspflicht des Rechtsanwaltes vor, der sich sogar **schadenersatzpflichtig** macht.[9] Auch im Falle des **Obsiegens** besteht **kein Kostenerstattungsanspruch**, da es sich insoweit nicht um notwendige Prozesskosten handelt.[10]

16   Ebenso wenig ist eine evtl. vorhandene **Rechtsschutzversicherung** eintrittspflichtig, da diese nur die Kosten der Geltendmachung von Schadenersatzansprüchen aus Verkehrsunfällen übernimmt, **nicht der Abwehr**.

17   Ein Versicherungsnehmer darf nur dann einen Rechtsanwalt seiner Wahl beauftragen, wenn besondere Gründe vorliegen, die eine Vertretung durch den vom Versicherer gestellten Prozessanwalt als **unzumutbar** erscheinen lassen; dies ist beispielsweise dann der Fall, wenn
- der vom Versicherer beauftragte **Prozessanwalt** bereits in einem **anderen** Verfahren **gegen** den Versicherungsnehmer tätig war,[11]
- zwischen Versicherungsnehmer und Haftpflichtversicherer **Meinungsverschiedenheiten** über die Deckungspflicht auftreten.[12]

18   Droht im schriftlichen Vorverfahren wegen der Zwei-Wochen-Frist von § 276 Abs. 1 ZPO ein **Versäumnisurteil**, kann es ausnahmsweise gerechtfertigt sein, „auf eigene Faust einen Rechtsanwalt zu beauftragen".[13]

19   Wenn dann jedoch der Versicherer einen Prozessanwalt seiner Wahl auch für den Versicherungsnehmer beauftragt, ist nur die Verfahrensgebühr zu erstatten, während es sich bei der Termingebühr nicht mehr um notwendige Prozesskosten handelt.[14]

---

9 BGH VersR 1985, 83; OLG Düsseldorf VersR 1985, 92; LG München r+s 1986, 4.
10 BGH zfs 2004, 379 = NJW-RR 2004, 536; OLG Köln zfs 1984, 107; OLG München zfs 1984, 13. A.A.: OLG Frankfurt AnwBl 1981, 163; OLG Schleswig zfs 1984, 233; KG r+s 1998, 217; OLG Hamburg DAR 2003, 36.
11 BGH NJW 1981, 1952.
12 OLG Karlsruhe VersR 1979, 944.
13 LG Göttingen AnwBl 1987, 284, 285; LG Kleve zfs 1992, 63; *van Bühren*, AnwBl 1987, 13 m.w.N.
14 LG Göttingen AnwBl 1987, 285.

Verpflichtet sich der Haftpflichtversicherer, bei **Klagerücknahme** keinen   20
Kostenantrag zu stellen, darf dennoch zugunsten des VN-Anwalts ein Kostenbeschluss ergehen, da § 7 II 5 AKB nur das Innenverhältnis betrifft.[15]

---

15 OLG Frankfurt NJW-RR 1995, 1116. A.A.: LG Bochum r+s 1991, 363.

§ 3 Vollkaskoversicherung

1 Ein Verkehrsunfall löst nicht nur Ansprüche gegen den Schädiger aus, der Geschädigte kann auch seine eigene Vollkaskoversicherung und bei Glasbruchschäden seine Teilkaskoversicherung in Anspruch nehmen.

1. Anzeigepflicht (§ 7 I 2 AKB)

2 Auch für die Kaskoversicherung gilt die Obliegenheit aus § 7 I 2 AKB, dass jeder Versicherungsfall innerhalb einer Frist von **einer Woche schriftlich anzuzeigen ist**. Oft entschließt sich der Geschädigte erst während der Regulierungsverhandlungen mit dem gegnerischen Haftpflichtversicherer, seine eigene Vollkaskoversicherung in Anspruch zu nehmen, weil eine kurzfristige Regulierung nicht zu erwarten ist oder sich abzeichnet, dass nur eine Quote durchsetzbar ist.

3 Auch wenn die Wochenfrist gemäß § 7 I 2 AKB versäumt ist, gehen die Kaskoversicherer nicht von einer vorsätzlichen oder grob fahrlässigen Obliegenheitsverletzung aus, da allenfalls ein geringes Verschulden des Versicherungsnehmers vorliegt.

2. Neuwertersatz

4 Nach § 13 II AKB a.F. konnte der Erstbesitzer eines Pkw bei einem Totalschaden / Totalverlust innerhalb der ersten beiden Zulassungsjahre Neuwertersatz verlangen. Diese Leistungsverbesserung wird jedoch in Versicherungsverträgen ab Mitte 1993 nicht mehr angeboten, zumal der Anspruch auf Neuwertersatz oft Anreiz zur Vortäuschung eines Fahrzeugdiebstahls geboten hat. Einige Versicherer bieten nunmehr noch Neuwertersatz für Schäden innerhalb der ersten beiden Zulassungsmonate an. Im **Einzelfall** muss daher jeweils geprüft werden, welche AKB mit welchem Inhalt dem Vertrag zugrunde gelegt worden sind.

3. Quotenvorrecht / Differenztheorie

Wenn von einem Mitverschulden des Mandanten auszugehen ist, empfiehlt es sich, die **Vollkaskoversicherung** in Anspruch zu nehmen **und** Schadenersatzansprüche bei der gegnerischen **Haftpflichtversicherung** geltend zu machen. In der Regel kann dadurch trotz einer Mithaftungsquote eine nahezu vollständige Schadenregulierung durchgeführt werden.

Nimmt der Geschädigte seine Vollkaskoversicherung in Anspruch, gehen zwar insoweit seine Schadenersatzansprüche gegen den Schädiger gemäß § 67 VVG auf seine Vollkaskoversicherung über. Dieser Forderungsübergang darf sich jedoch gemäß § 67 Abs. 1 S. 2 VVG nicht zum Nachteil des Versicherungsnehmers auswirken. Der Geschädigte kann daher seinen Fahrzeugschaden auch weiterhin gegenüber dem Schädiger geltend machen. Obergrenze ist jedoch der tatsächliche – kongruente – Fahrzeugschaden.

a) Kongruenter Fahrzeugschaden

Zum kongruenten Fahrzeugschaden gehören die **Reparaturkosten**, der **Wiederbeschaffungswert**, die **Abschleppkosten**, die **Sachverständigenkosten** und der **merkantile Minderwert**.[1]

Der Geschädigte kann daher bis zur Grenze der Mithaftungsquote des Unfallgegners die Selbstbeteiligung, die Abschleppkosten, die Sachverständigenkosten und den merkantilen Minderwert geltend machen.

Da der Kaskoversicherer den merkantilen Minderwert und die Sachverständigenkosten nicht zu ersetzen hat, tritt insoweit auch kein Forderungsübergang ein, so dass diese Schadenpositionen beim Geschädigten verbleiben. Er kann diese daher noch neben der Selbstbeteiligung ungekürzt bis zur Grenze der Mithaftungsquote gegen den Schädiger geltend machen.

---

1 BGH VersR 1982, 383 = NJW 1982, 829; BGH VersR 1985, 441; *Stiefel/Hofmann*, nach § 13 AKB Rn 28 ff. m.w.N.

§ 3 Vollkaskoversicherung

b) Sachfolgeschaden

10   Vom Rechtsübergang **nicht** betroffen ist der **Sachfolgeschaden**.[2] Diese Positionen sind vom gegnerischen Haftpflichtversicherer unabhängig von der Leistung des Kaskoversicherers mit der entsprechenden Haftungsquote zu regulieren.

Beispiel

Reparaturkosten	6.000 EUR
merkantiler Minderwert	500 EUR
Nutzungsentschädigung	400 EUR
Sachverständigenkosten	300 EUR
Abschleppkosten	200 EUR
Rückstufungsschaden	250 EUR
Kostenpauschale	30 EUR
insgesamt:	7.680 EUR

Hierauf leistet die Vollkaskoversicherung:
Fahrzeugschaden (6.000 EUR abzgl.
Selbstbeteiligung 1.000 EUR)   5.000 EUR

c) Schadenberechnung[3]

11   Bei einer Mithaftungsquote von 50% wäre es falsch, lediglich 50% der vorgenannten Positionen gegenüber dem Haftpflichtversicherer geltend zu machen, richtig ist vielmehr die Abrechnung nach Quotenvorrecht / Differenztheorie. Der kongruente Fahrzeugschaden errechnet sich wie folgt:

Beispiel

Reparaturkosten	6.000 EUR
merkantiler Minderwert	500 EUR
Sachverständigenkosten	300 EUR
Abschleppkosten	200 EUR
insgesamt	7.000 EUR

---

2   Mietwagenkosten, Nutzungsentschädigung, Kostenpauschale, Fahrtauslagen, Verdienstausfall, Prämiennachteile.
3   S. Schaubilder im Anhang III.

§ 3 Vollkaskoversicherung

Hiervon zahlt der Fahrzeugversicherer 5.000 EUR,
so dass ein nicht gedeckter Schaden in Höhe von 2.000 EUR
verbleibt.

In dieser Höhe kann der Geschädigte seinen verbleibenden, von der Kaskoversicherung nicht gedeckten – kongruenten – Schaden beim gegnerischen Haftpflichtversicherer geltend machen und zwar bis zur Höhe des Betrages, den der Haftpflichtversicherer zu leisten hätte, wenn keine Vollkaskoversicherung bestünde. Bei einer Mithaftungsquote von 50% also bis zu einem Betrag von 3.500 EUR.

Den Sachfolgeschaden hat der Haftpflichtversicherer entsprechend der Mithaftungsquote (beispielsweise 50%) zu regulieren: 12

Beispiel (Fortsetzung)
Nutzungsentschädigung 400 EUR
Rückstufungsschaden 250 EUR
Kostenpauschale 30 EUR

680 EUR
hiervon 50% 340 EUR.

Bei einer Haftungsquote von nur 20 % würde der gegnerische Haftpflichtversicherer für den kongruenten Schaden nur bis zum Höchstbetrag in Höhe von 1.400 EUR haften.

4. Bearbeitungshinweis

Für die Praxis empfiehlt sich im Regelfall folgende Bearbeitung: 13
- Geltendmachung der Kaskoentschädigung beim Kaskoversicherer.
- Geltendmachung des restlichen kongruenten Schadens gegenüber dem Haftpflichtversicherer, und zwar wie folgt:

§ 3 Vollkaskoversicherung

Selbstbeteiligung	1.000 EUR
merkantiler Minderwert	500 EUR
Sachverständigenkosten	300 EUR
Abschleppkosten	200 EUR
insgesamt:	2.000 EUR

14 Diese Positionen muss der Haftpflichtversicherer voll regulieren bis zur Quote des Betrages, für den er einzustehen hat, und zwar ohne Rücksicht auf die Leistungen des Kaskoversicherers. Die weiteren Schadenpositionen (Mietwagenkosten, Nutzungsentschädigung, Unkostenpauschale, Schmerzensgeld usw.) richten sich nach der Haftungsquote des Haftpflichtversicherers.

5. Sachverständigenverfahren (§ 14 AKB)

15 Bei Streit über die Höhe der Kaskoentschädigung ist das Sachverständigenverfahren durchzuführen. Die in diesem Verfahren getroffene Feststellung kann nur bei offenbarer Abweichung von der wirklichen Sachlage angefochten werden.[4]

16 Wird vor Durchführung des Sachverständigenverfahrens Klage beim ordentlichen Gericht eingereicht, unterliegt die Klage der Abweisung, da der Klageanspruch (noch) **nicht fällig** ist.[5]

Der Streit über die Schadenhöhe ist somit der ordentlichen Gerichtsbarkeit entzogen, solange kein Sachverständigenverfahren durchgeführt worden ist.

17 Demgegenüber ist ein selbständiges gerichtliches Beweisverfahren zulässig.[6] Für dieses **gerichtliche Beweisverfahren** hat dann auch – im Gegensatz zum Sachverständigenverfahren – eine eventuell bestehende **Rechtsschutzversicherung** Deckungsschutz zu gewähren.

---

4 OLG Düsseldorf r+s 1996, 477; LG Köln SP 2000, 29.
5 OLG Köln SP 2002, 210.
6 OLG Koblenz MDR 1999, 502; LG München I NJW-RR 1994, 216.

6. Anwaltskosten

Die bei der Geltendmachung des Kaskoanspruchs entstehenden Anwaltskosten sind **nicht vom Kaskoversicherer** zu ersetzen, es sei denn, dieser befindet sich bei Beauftragung des Rechtsanwaltes in Verzug. Diese Anwaltskosten sind jedoch als adäquater Schaden **vom gegnerischen Haftpflichtversicherer** zu ersetzen.[7]

18

---

[7] OLG Celle AnwBl 1983, 141; OLG Stuttgart DAR 1989, 27; OLG Karlsruhe r+s 1990, 303.

§ 4 Teilkaskoversicherung

1 In der Teilkaskoversicherung sind **Glasschäden** versichert, so dass insoweit auch bei einem **selbst verschuldeten Unfall** oder bei einem Mitverschulden die Teilkaskoversicherung wegen der Glasschäden in Anspruch genommen werden kann.

2 Bei Totalschaden ist die Zerstörung der Verglasung als Beschädigung des Fahrzeuges anzusehen. In der Regel ist der Neuwert der Glasteile ohne Abzug „neu für alt" zu ersetzen[1] einschließlich Einbaukosten.[2] Die insoweit sehr streitige Rechtsprechung[3] wird für die Zukunft keine Bedeutung mehr haben, da nach den AKB 95 und den meisten AKB der Versicherer die Ersatzleistung auf die **Differenz** zwischen Wiederbeschaffungswert und Restwert ausdrücklich beschränkt ist.

3 Gerät ein Fahrzeug bei einem Unfall in **Brand**, ist die Teilkaskoversicherung ebenfalls eintrittspflichtig.[4]

---

1 OLG Karlsruhe zfs 1994, 209.
2 LG Osnabrück NJW-RR 1996, 1176.
3 Vgl. *Stiefel/Hofmann*, § 13 AKB Rn 26 mit umfassender Rechtsprechungsübersicht; AG München SP 1996, 394 mit Rechtsprechungsübersicht.
4 OLG Nürnberg NJW-RR 1995, 862.

§ 5 Schadenminderungspflicht

Gemäß § 254 Abs. 2 BGB verstößt ein Geschädigter gegen seine Schadenminderungspflicht, wenn er es unterlassen hat,
- auf die Gefahr eines ungewöhnlich hohen Schadens **aufmerksam** zu machen,
- den Schaden **abzuwenden**,
- den Schaden **zu mindern**.

1. Umfang der Schadenminderungspflicht

Die Schadenminderungspflicht verlangt von dem Geschädigten alle Maßnahmen, die nach der allgemeinen Lebenserfahrung von einem ordentlichen Menschen aufgewendet werden müssen, um einen Schaden abzuwenden oder gering zu halten.[1]

a) Grenzen der Schadenminderungspflicht

Nach überwiegender Rechtsprechung beachtet der Geschädigte seine Schadenminderungspflicht ordnungsgemäß, der sich so verhält, **wie wenn er den Schaden selbst bezahlen müsste** und eine eintrittspflichtige Haftpflichtversicherung nicht vorhanden wäre.[2]

Dieser Grundsatz gilt jedoch **nicht – mehr – uneingeschränkt**: Der Geschädigte wird bei einem Eigenschaden möglicherweise Verzichte und Beschränkungen hinnehmen, die im Verhältnis zum Schädiger überobligatorisch sein können; beispielsweise wird der Geschädigte bei einem Eigenschaden eine Urlaubsreise verschieben oder öffentliche Verkehrsmittel benutzen. So weit geht die Schadenminderungspflicht nicht.[3]

---

1 BGH DAR 1996, 314.
2 BGH r+s 1986, 257; LG Köln zfs 1987, 137, 138.
3 BGH DAR 1996, 314.

b) Objektiver Maßstab

5 Bei Verkehrsunfallsachen ist oft zweifelhaft, wer den Schaden im Ergebnis zu tragen hat, so dass es bereits das wohlverstandene Eigeninteresse des Geschädigten verlangt, den in jedem Fall sichersten und kostengünstigsten Weg zu wählen. Der Geschädigte darf einerseits nicht zu seinem eigenen Vorteil auf Kosten Dritter großzügig sein, andererseits muss er **nicht zugunsten des Schädigers sparen**.[4]

Bei jeder Maßnahme, die ein Geschädigter zur Schadenbeseitigung ergreifen will, sollte der beauftragte Rechtsanwalt die Kontrollfrage stellen: **„Würden Sie diesen Aufwand auch dann betreiben, wenn Sie den Schaden selbst bezahlen müssten?"**

6 Diese subjektiven Überlegungen ändern nichts daran, dass der Haftungsmaßstab **objektiv** zu bestimmen ist: Entscheidend ist allein, was ein verständiger, wirtschaftlich denkender Geschädigter aufwenden würde, um den Schaden zu beseitigen.[5]

c) Zumutbarkeit

7 Wenn der Geschädigte die Höhe der Kosten der Schadenbeseitigung beeinflussen kann, muss er im Rahmen des Zumutbaren den wirtschaftlichsten Weg wählen.

Die Schadenminderungspflicht ist die Schranke für die Höhe der erforderlichen Kosten der Schadenbeseitigung.[6]

2. Erfüllungsgehilfen

8 Ausgehend vom Grundsatz der Naturalrestitution in § 249 BGB sind die mit den Reparaturarbeiten beauftragte **Werkstatt**, der **Sachverständige** und sons-

---

4 BGH DAR 1992, 22, 23; BGH r+s 1996, 266 = DAR 1996, 314 = SP 1996, 244.
5 BGH VersR 1985, 1090; BGH DAR 1992, 22, 23; BGH DAR 1996, 314 = SP 1996, 244 = r+s 1996, 266.
6 BGH VersR 1985, 1090.

tige mit der Schadenbeseitigung Beauftragte **nicht Erfüllungsgehilfen des Geschädigten, sondern des Schädigers**.[7]

Der Geschädigte ist daher für unwirtschaftliche oder mangelhafte Arbeiten der Werkstatt oder des mit der Schadenfeststellung beauftragten Sachverständigen nicht verantwortlich; er kann Ersatz seiner Aufwendungen verlangen, gegebenenfalls Zug um Zug gegen Abtretung seiner Schadenersatzansprüche wegen Schlechterfüllung der im Zusammenhang mit der Schadenbeseitigung geschlossenen Werk- und Dienstverträge.

3. Auswahlverschulden

Wegen der größeren Sachnähe hat der Geschädigte nicht nur die Dispositionsfreiheit, sondern auch die **Dispositionspflicht** mit der Maßgabe, dass er nur solche Dispositionen zur Schadenbeseitigung treffen darf, die für die Schadenbeseitigung **erforderlich** sind.

Neben der eigenverantwortlichen Prüfung des Schadenumfangs obliegt dem Geschädigten die Auswahl der geeigneten Werkstatt, des geeigneten Sachverständigen usw.

Für ein **Auswahlverschulden** hat der Geschädigte somit selbst einzustehen, beispielsweise dann, wenn er eine offensichtlich ungeeignete oder völlig überlastete Werkstatt mit der Durchführung der Reparaturarbeiten beauftragt.[8] Grundsätzlich kann und soll der Geschädigte jedoch die Werkstatt seines Vertrauens beauftragen.

Wenn den Geschädigten kein Auswahlverschulden trifft, muss der Schädiger sich dessen Rückforderungsansprüche / Schadenersatzansprüche abtreten lassen und selbst gegen die Werkstatt vorgehen.[9]

---

7 *Hentschel*, StVG, § 12 Rn 22 m.w.N.; BGH NJW 1975, 160.
8 OLG Hamm SP 1996, 52.
9 OLG Hamm SP 1996, 52.

4. Überwachungsverschulden

13 Der Geschädigte muss nach der Beauftragung einer Fachwerkstatt deren Arbeiten überwachen. Insbesondere muss er vor Beauftragung der Werkstatt den **Reparaturtermin** abstimmen, sich während der Dauer der Reparaturarbeiten gegebenenfalls erkundigen, ob das zu reparierende Fahrzeug auch fristgerecht fertig gestellt wird. Nach Durchführung der Arbeiten muss der Geschädigte das reparierte Fahrzeug überprüfen, eventuelle Mängel feststellen und sofort rügen, **Gewährleistungsansprüche** müssen geltend gemacht und sichergestellt werden.

5. Beweislast

14 Der **Geschädigte** ist für sämtliche Schadenpositionen darlegungs- und **beweispflichtig**. Es handelt sich insoweit um anspruchsbegründende Tatsachenbehauptungen.

a) Erforderlicher Geldbetrag

15 Gemäß § 249 Abs. 2 S. 1 BGB kann der Geschädigte statt der Naturalrestitution „den dazu erforderlichen Geldbetrag verlangen". Zunächst muss also der Geschädigte vortragen und beweisen, dass der von ihm betriebene Aufwand „**erforderlich**" für die Schadenbeseitigung war.

16 Hat der Geschädigte daher einen unverhältnismäßig hohen Aufwand betrieben, so trägt er die Beweislast dafür, dass diese hohen Schadenbeseitigungskosten auch tatsächlich „erforderlich" waren.

b) Beweislast

17 Der **Ersatzpflichtige,** der sich auf einen Verstoß gegen die **Schadenminderungspflicht** des Geschädigten beruft, trägt die Beweislast für ein schuldhaftes Verhalten des Geschädigten.[10]

18 Trotz dieser eindeutigen Beweislastverteilung sind die Grenzen fließend: Die Umstände, aus denen sich ein Verstoß gegen die Schadenminderungspflicht

---

10 *Hentschel*, StVG, § 12 Rn 8 m.w.N.

ergibt, ereignen sich wegen der größeren Sachnähe des **Geschädigten in dessen Sphäre**, so dass dieser erforderlichenfalls **darlegen** und **beweisen** muss, was er zur **Schadenminderung** unternommen hat.[11]

Hat der Geschädigte nichts unternommen, um den Schaden zu mindern oder kommt er insoweit seiner Darlegungspflicht nicht nach, kann dieses zugunsten des Schädigers einen Anscheinsbeweis oder sogar eine **Umkehr der Beweislast** bewirken.[12]

c) § 287 ZPO

Anders als bei der haftungsbegründenden Kausalität, die den strengen Beweisanforderungen von § 286 ZPO unterliegt, reicht bei der Bestimmung der Schadenhöhe (§ 287 ZPO) für die richterliche Überzeugung bereits eine **erhebliche Wahrscheinlichkeit** aus.[13]

d) § 254 BGB

§ 254 BGB begründet einen **Einwand** und keine Einrede. Ein Verstoß gegen die Schadenminderungspflicht ist daher von Amts wegen zu berücksichtigen.[14]

6. Beispiele aus der Rechtsprechung

- Hat ein Taxiunternehmer ein **Miettaxi** in Anspruch genommen, dessen Kosten erheblich höher als der zu befürchtende Verdienstausfall sind, muss er darlegen und beweisen, dass er nicht auf andere – eigene – Fahrzeuge zurückgreifen konnte.[15]
- Grundsätzlich muss ein Geschädigter die Kosten der Schadenbeseitigung aus eigenen Mitteln vorlegen; wenn er Kredit in Anspruch nimmt, muss er

---

11 OLG Naumburg DAR 2005, 158.
12 BGH NJW 1991, 1412.
13 BGH NJW 1991, 1412, 1413.
14 Palandt / *Heinrich*, § 254 Rn 82 m.w.N.
15 BGH VersR 1985, 283.

§ 5 Schadenminderungspflicht

die Umstände darlegen und beweisen, die eine **Kreditaufnahme** erforderlich machen.[16]

- Der Geschädigte muss nachweisen, dass er keine Möglichkeit hatte, einen Mietwagen zum **Pauschaltarif** anzumieten.[17]

---

[16] OLG Zweibrücken VersR 1981, 343; OLG Karlsruhe NZV 1989, 23.
[17] OLG Karlsruhe r+s 1993, 60 m. zust. Anm. *Dornwald*.

§ 6 Die einzelnen Schadenpositionen

Die Rechtsprechung hat zu allen Schadenpositionen einen umfangreichen Verhaltenskatalog aufgestellt, nach dem der Geschädigte sich im Rahmen der Schadenregulierung zu richten hat. Hier obliegt es der anwaltlichen Beratungspflicht, den Geschädigten zu jeder Schadenposition aufzuklären und zu belehren.

1. Fahrzeugschaden

a) Dispositionsbefugnis des Geschädigten

Ausgangspunkt für die Unfallregulierung ist zunächst der Fahrzeugschaden, dessen Beseitigung in der Regel den größten Kostenfaktor darstellt und die übrigen Schadenpositionen (Mietwagenkosten, Nutzungsentschädigung, Sachverständigenkosten, usw.) entscheidend beeinflusst.

Die Beseitigung des Fahrzeugschadens stellt somit die **Weichen** für die übrigen Sachfolgeschäden.

Wird ein **neuwertiges Fahrzeug** stark beschädigt, so kann der Geschädigte möglicherweise auf Neuwagenbasis abrechnen und bis zur Auslieferung des Neufahrzeuges in bestimmtem Umfang einen Mietwagen benutzen oder Nutzungsentschädigung geltend machen. Besonders schwierig wird die Entscheidung, wenn die Reparaturkosten den Wiederbeschaffungswert des Fahrzeuges erreichen oder sogar übersteigen (wirtschaftlicher Totalschaden).

Oft ist der Geschädigte froh, für ein **unzuverlässiges** und schwer verkäufliches Fahrzeug vom gegnerischen Haftpflichtversicherer den Wiederbeschaffungswert zu erhalten. In anderen Fällen möchte er sich von seinem vertrauten und zuverlässigen Fahrzeug nicht trennen und die notwendigen Reparaturarbeiten „koste es, was es wolle" durchführen lassen.

Der mit der Schadenregulierung beauftragte **Rechtsanwalt** muss seinen Mandanten rechtzeitig **belehren** und **beraten**, insbesondere vor wirtschaftlich unvernünftigen Entscheidungen warnen, für die kein Haftpflichtversicherer einzutreten hat.

b) Neuwertentschädigung

6 Bei **erheblicher Beschädigung** eines neuwertigen Fahrzeuges kann der Geschädigte den Neupreis verlangen und das beschädigte Fahrzeug dem Versicherer zur Verfügung stellen bzw. anderweitig veräußern; dieses gilt in der Regel nur für Pkw, nicht für Nutzfahrzeuge.[1]

7 aa) Die Abrechnung auf Neuwagenbasis ist grundsätzlich auf Kraftfahrzeuge bis zu einer Fahrleistung von **1.000 km** beschränkt.[2]

Nur **ausnahmsweise** kann auch ein Fahrzeug mit einer Kilometerleistung von bis zu 3.000 km als neuwertig angesehen werden.[3]

Bei einer Laufleistung bis **1.000 km** liegt in der bisherigen Nutzung kein messbarer Vorteil. Bei Fahrleistungen über **1.000 km** ist jedoch ein Abschlag vom Neupreis zu machen.[4] Dieser Abschlag kann pro 1.000 km 1–1,5 % des Neupreises ausmachen.[5]

Bei einer Gebrauchsdauer von **acht Wochen** ist ein Fahrzeug auch dann **nicht** mehr neuwertig, wenn es nur eine Fahrleistung von weniger als 1.000 km erreicht hat.[6]

8 bb) Aber nicht jede Beschädigung eines neuwertigen Fahrzeuges löst einen Anspruch auf Neuwertersatz aus.

Die **Beschädigung** muss so **erheblich** sein, dass eine Weiterbenutzung des reparierten Fahrzeuges unter Übernahme der Reparaturkosten und Zahlung ei-

---

1 OLG Stuttgart VersR 1983, 92.
2 BGH NJW 1982, 433; OLG Karlsruhe NJW-RR 1986, 254; OLG Hamm SP 2000, 13; OLG Düsseldorf SP 2004, 158; OLG Zweibrücken SP 2004, 160.
3 BGH NJW 1982, 433; KG VersR 1988, 361; OLG Hamm SP 2000, 13.
4 BGH NJW 1983, 2694.
5 OLG Schleswig VersR 1985, 373.
6 OLG Nürnberg zfs 1994, 408 = r+s 1994, 337; OLG Hamm r+s 1994, 378 = VersR 1995, 930 (zwei Monate, 850 km); OLG Naumburg zfs 1996, 134 = SP 1996, 212 (zwei Monate, 2955 km).

nes angemessenen Minderwertes bei objektiver Abwägung der Interessenlage dem Geschädigten **nicht zugemutet** werden kann.[7]

Das Fahrzeug muss durch den Unfallschaden „den Schmelz der Neuwertigkeit" verloren haben.[8]

Eine Faustregel besagt, dass die Reparaturkosten **mindestens 30 %** des Fahrzeugwertes ausmachen müssen.[9]

cc) Schließlich kann die Neuwertentschädigung nur verlangt werden, wenn der Geschädigte tatsächlich auch sein beschädigtes Fahrzeug veräußert und ein **Neufahrzeug erwirbt**.[10]

dd) Der BGH hat in seiner grundlegenden Entscheidung vom 3.11.1981[11] ausgeführt, dass ein Kraftfahrzeug im Allgemeinen lediglich bis zu einer Fahrleistung von 1.000 km als neuwertig bezeichnet werden kann.

Nur in besonderen Ausnahmefällen kann auch bei einer Laufleistung **bis zu 3.000 km** eine Abrechnung auf Neuwagenbasis in Betracht kommen. Voraussetzung ist jedoch, dass bei objektiver Beurteilung der frühere Zustand durch die Reparatur auch nicht annähernd erreicht werden kann. Dies ist beispielsweise dann der Fall, wenn Teile beschädigt worden sind, die für die Sicherheit des Fahrzeuges von besonderer Bedeutung sind und wenn trotz ordnungsgemäßer Reparatur ein **Unsicherheitsfaktor** oder ein erheblicher Schönheitsfehler zurückbleibt.[12]

ee) Für die Bemessung des Neupreises kommt es auf den Zeitpunkt der letzten mündlichen Verhandlung an; zwischenzeitlich eingetretene **Preiserhöhungen** gehen zu Lasten des **Schädigers**.[13]

---

7 BGH VersR 1982, 163; OLG Köln VersR 1989, 60; OLG Celle zfs 1992, 300; OLG Karlsruhe zfs 1992, 12; KG zfs 1992, 249; OLG Celle SP 1996, 11; OLG Celle SP 2003, 59; OLG Düsseldorf SP 2004, 158; LG Bochum SP 1996, 207; LG München I SP 1997, 14.
8 OLG Zweibrücken SP 2004, 160; LG Leipzig SP 2000, 380.
9 OLG Frankfurt zfs 1990, 263; KG zfs 1992, 120.
10 OLG Nürnberg zfs 1991, 45; LG München I SP 1997, 14.
11 NJW 1982, 433 = VersR 1982, 163.
12 OLG Hamm SP 2000, 13.
13 OLG Köln r+s 1993, 139.

c) Reparaturkosten

12 Der Geschädigte kann, soweit kein Totalschaden eingetreten ist, die erforderlichen Instandsetzungskosten verlangen und zwar unabhängig davon, ob und wann und auf welche Weise er die Reparaturarbeiten tatsächlich durchführen lässt.[14]

13 aa) Wer selbst repariert, darf die üblichen Werkstattlöhne **ohne Mehrwertsteuer** verlangen, die in der Regel durch Sachverständigengutachten nachgewiesen werden.

Der Geschädigte behält sogar seinen Anspruch, den Schaden auf der Basis des Gutachtens abzurechnen, wenn er die Reparaturarbeiten in einer Fachwerkstatt hat durchführen lassen.[15]

14 bb) Die Entscheidungen des OLG Köln[16] und des OLG Nürnberg,[17] nach denen der Geschädigte bei Durchführung der Reparatur nur die nachgewiesenen Reparaturkosten verlangen könne, sind damit obsolet.

Der BGH begründet seine abweichende Auffassung mit dem Hinweis auf § 249 BGB, dass der Geschädigte grundsätzlich den **„erforderlichen"** Geldbetrag für die Schadenbeseitigung verlangen könne und zwar unabhängig davon, ob und wann und auf welche Weise er die Schadenbeseitigung tatsächlich durchführe.

15 cc) Die Berechnung der Schadenhöhe wird „abgekoppelt" von der realen Durchführung der Schadenbeseitigung. „Es geht den Schädiger nichts an", ob der Geschädigte den Unfallwagen repariert, veräußert, unrepariert in Zahlung gibt oder weiter benutzt.[18]

16 dd) Die Rechtsprechung des BGH ist in der Praxis auf großen Widerspruch gestoßen, zumal sie der Förderung der Schwarzarbeit dient und den Geschädigten geradezu ermuntert, sich durch ein Sachverständigengutachten mög-

---

14 *Eggert*, DAR 2001, 20 ff.
15 BGH VersR 1989, 1056, 1057 = r+s 1989, 328; OLG Frankfurt zfs 1994, 50; LG Berlin zfs 1996, 254 = SP 1996, 321. A.A.: OLG Karlsruhe SP 1996, 348.
16 r+s 1988, 107.
17 r+s 1989, 83.
18 *Steffen*, NZV 1991, 1 ff. mit umfassender Rechtsprechungsübersicht.

lichst hohe Reparaturkosten bescheinigen zu lassen, um dann die Reparaturarbeiten in einer billigen Werkstatt oder gar in Schwarzarbeit durchführen zu lassen.

Der BGH hat in seiner vorgenannten Entscheidung[19] darauf hingewiesen, dass ein Versicherer begründete Einwendungen gegen das zur Schadenabrechnung vorgelegte Gutachten erheben kann. Wenn der Versicherer nachweist, dass die Kostenschätzung des Sachverständigen überhöht war, kann das vom Geschädigten eingeholte Gutachten auch nicht mehr zur Grundlage der Schadenregulierung gemacht werden.[20]

ee) Einige Versicherer versuchen, dieser Rechtsprechung des BGH dadurch entgegenzuwirken, dass sie grundsätzlich einen Abschlag von 20 % bei den Reparaturkosten machen, wenn der Geschädigte auf der Basis des Gutachtens die Abrechnung verlangt, obgleich er die Reparaturarbeiten in einer Fachwerkstatt hat durchführen lassen. In der Praxis kommt es häufig vor, dass der Geschädigte, um die Nutzungsentschädigung durchsetzen zu können, zwar eine Bescheinigung einer Fachwerkstatt beibringt, dass die Reparaturarbeiten in einem bestimmten Zeitraum erfolgt sind. Die Reparaturkostenrechnung wird jedoch nicht vorgelegt, weil die tatsächlichen Reparaturkosten niedriger waren als die Kalkulation des Sachverständigen. 17

Mit dieser – sicherlich nicht unbegründeten – Vermutung kürzen einige Versicherer dann die im Gutachten kalkulierten Kosten um 20 %.

Diese Maßnahmen der Versicherer sind rechtlich unzulässig und werden auch von der Rechtsprechung nicht anerkannt.[21]

ff) Ein Versicherer kann daher seine Entschädigungsleistung nur dann kürzen, wenn er konkret das Sachverständigengutachten und dessen Kostenansätze angreift. 18

Wer sich damit begnügt, Reparaturarbeiten kostengünstiger und gegebenenfalls auch weniger qualifiziert durchführen zu lassen, behält seinen Anspruch auf Zahlung des Betrages, der für eine **qualifizierte Schadenbeseitigung** erforderlich ist.

---

19 VersR 1989, 1056, 1057 = r+s 1989, 328.
20 Vgl. BGH VersR 1989, 1056, 1057 = r+s 1989, 328 m. Anm. *Dornwald*, r+s 1989, 328.
21 *Gebhardt*, zfs 1990, 145 ff. mit umfassender Rechtsprechungsübersicht.

§ 6 Die einzelnen Schadenpositionen

19 gg) Die fiktive Abrechnung kann jedoch **nicht uneingeschränkt** durchgeführt werden; aus der allgemeinen Schadenminderungspflicht ergibt sich die Verpflichtung des Geschädigten, bei mehreren Möglichkeiten der Schadenbeseitigung die kostengünstigere zu wählen. Wenn ein Fahrzeug nicht repariert oder unrepariert veräußert wird, ist die Obergrenze für die **fiktive Schadenabrechnung die Differenz zwischen Wiederbeschaffungswert und Restwert**.[22]

Die Differenz zwischen Wiederbeschaffungswert und Restwert kann auch dann nur verlangt werden, wenn das Fahrzeug zwar repariert, aber nicht weiter benutzt, sondern veräußert wird.[23]

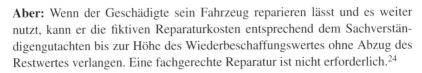

Aber: Wenn der Geschädigte sein Fahrzeug reparieren lässt und es weiter nutzt, kann er die fiktiven Reparaturkosten entsprechend dem Sachverständigengutachten bis zur Höhe des Wiederbeschaffungswertes ohne Abzug des Restwertes verlangen. Eine fachgerechte Reparatur ist nicht erforderlich.[24]

20 hh) **Mehrwertsteuer** kann nur noch verlangt werden, wenn diese auch tatsächlich angefallen ist und nachgewiesen wird. § 249 BGB ist mit Wirkung vom 1.8.2002 um folgenden Absatz 2 Satz 2 ergänzt worden:

„Bei der Beschädigung einer Sache schließt der nach Satz 1 erforderliche Geldbetrag die Mehrwertsteuer nur mit ein, wenn und soweit sie tatsächlich angefallen ist".

Die bislang in der Rechtsprechung zugelassene fiktive Schadenabrechnung wird somit erheblich **eingeschränkt,** berücksichtigt jedoch den Umstand, dass die Mehrwertsteuer bei Reparaturunternehmen ein durchlaufender Posten ist. Die Forderung der Versicherungswirtschaft, bei fiktiver Schadenabrechnung auch Steuern, Abgaben und Lohnnebenkosten der Werkstattunternehmen zu berücksichtigen, hat sich nicht durchgesetzt.

Die Neufassung von § 249 BGB führt zu dem – vom Gesetzgeber in Kauf genommenen – Ergebnis, dass der Geschädigte bei einem Totalschaden nur

---

22 BGH VersR 1992, 457; OLG Köln VersR 1993, 1290; OLG Düsseldorf SP 1996, 249; OLG Bamberg SP 1999, 14; OLG Düsseldorf SP 2001, 269 = zfs 2001, 111 = DAR 2001, 125; KG DAR 2002, 121; LG Stuttgart SP 1998, 320. A.A.: OLG Köln zfs 2002, 74; LG Münster SP 2000, 91; AG Limburg zfs 1999, 15.

23 OLG Hamm SP 1999, 348 = NZV 1999, 247.

24 BGH r+s 2003, 273 = NZV 2003, 371 = VersR 2003, 918 = DAR 2003, 372 = zfs 2003, 403; OLG Düsseldorf SP 2001, 269 = zfs 2001, 111 = DAR 2001, 125.

dann die Mehrwertsteuer erhält, wenn er auch tatsächlich ein **mehrwertsteuerpflichtiges Geschäft tätigt und nachweist**;[25] dies gilt auch bei Totalschadenabrechnung für die Beschaffung eines Ersatzfahrzeuges.[26] Bei einem Gebrauchtwagenkauf fällt Mehrwertsteuer nur auf den Gewinnanteil des Gebrauchtwagenhändlers an (Differenzbesteuerung gemäß § 25a UStG), die mit 2 % vom Gesamtkaufpreis gemäß § 287 ZPO zu schätzen ist.[27]

Hinweis
Daher: Bei der fiktiven Abrechnung sind die Mehrwertsteuerbeträge bezüglich der **Ersatzteilkäufe** zu berücksichtigen, soweit die entsprechende Mehrwertsteuer nachgewiesen wird.

ii) Bei älteren Fahrzeugen, die nur noch auf dem privaten Markt angeboten werden, erfolgt kein Mehrwertsteuerabzug, so dass der von einem Sachverständigen ermittelte Wiederbeschaffungswert ungekürzt zu erstatten ist, auch wenn keine Ersatzbeschaffung nachgewiesen wird.[28]

d) Beratungshinweis
Der Geschädigte muss daher darüber aufgeklärt werden,
- dass er auf der Basis des **Sachverständigengutachtens** abrechnen kann, unabhängig davon, ob und wann und wie und von wem und mit welchem Aufwand er die Reparaturarbeiten tatsächlich durchführen lässt, dass
- er ohne Reparaturnachweis nur die **Differenz zwischen Wiederbeschaffungswert und Restwert** verlangen kann,
- er **nur nachweislich angefallene Mehrwertsteuer** geltend machen kann,
- bei fiktiver Schadenabrechnung die Geltendmachung von **Mietwagenkosten** bzw. Nutzungsentschädigung problematisch ist.

---

25 *Gebhardt*, zfs 2003, 157 ff.; *Luckey*, VersR 2004, 1525 mit Rechtsprechungsübersicht und Beispielen.
26 BGH DAR 2004, 379 = MDR 2004, 934; BGH, VersR 2005, 994; AG Gladbeck SP 2003, 60; AG Bochum SP 2003, 60; AG Cloppenburg SP 2003, 204.
27 BGH DAR 2004, 447 = MDR 2004, 934; OLG Köln DAR 2004, 148; OLG Köln r+s 2005, 127; LG Holzminden SP 2003, 203 m.w.N.; LG Hagen SP 2003, 421; LG Hildesheim zfs 2003, 548; LG Magdeburg NZV 2003, 536; AG Rendsburg NZV 2003, 389; AG Brandenburg NZV 2003, 389.
28 AG Hameln NZV 2003, 537; OLG Köln DAR 2004, 148.

e) 130 %-Rechtsprechung

23 Die Rechtsprechung hat in einer Vielzahl von Entscheidungen die Frage erörtert, bis zu welcher Grenze bei **einem wirtschaftlichen Totalschaden**[29] der Geschädigte sein ihm vertrautes Fahrzeug auf Kosten des Schädigers reparieren darf.[30]

24 aa) Der BGH hat in seiner Entscheidung vom 15.10.1991[31] und in einer weiteren Entscheidung vom 17.3.1992[32] endgültig und eindeutig zugunsten des Geschädigten entschieden. Die **Leitsätze** der Entscheidung vom 15.10.1991 lauten:

- Bei der Beschädigung eines Kfz bildet auch die Beschaffung eines (gleichwertigen) Ersatzfahrzeugs eine Form der Naturalrestitution.
- Der Geschädigte muss bei der Frage, ob er sein beschädigtes Kfz reparieren lassen oder sich ein Ersatzfahrzeug anschaffen soll, einen Vergleich der Reparaturkosten (einschließlich eines etwaigen Minderwerts) mit den Wiederbeschaffungskosten anstellen. Dabei erscheint es aus Gründen der einfachen und praktikablen Handhabung vertretbar, auf der Seite der Ersatzbeschaffung den Restwert des Fahrzeugs außer Betracht zu lassen und allein auf den Wiederbeschaffungswert abzustellen.
- Der hohe Stellenwert des Integritätsinteresses rechtfertigt es, dass der Geschädigte für die Reparatur des ihm vertrauten Fahrzeugs Kosten aufwendet, die einschließlich des etwaigen Minderwerts den Wiederbeschaffungswert bis zu einer regelmäßig auf 130 % zu bemessenden „Opfergrenze" übersteigen.
- Der Vergleich von Reparaturaufwand und Wiederbeschaffungswert kann seine Aussagekraft für die Berechtigung der Reparatur verlieren, wenn die Mietwagenkosten bei der Reparatur in krassem Missverhältnis zu denjenigen bei einer Ersatzbeschaffung stehen.
- Wählt der Geschädigte den Weg der Schadensbehebung mit dem vermeintlich geringeren Aufwand, so geht ein von ihm nicht verschuldetes Werkstatt- oder Prognoserisiko zu Lasten des Schädigers.

---

29 Definition: Reparatur ist teurer als Ersatzbeschaffung.
30 Vgl. *Röttgering*, zfs 1995, 441.
31 zfs 1992, 9 = DAR 1992, 22 = VersR 92, 61.
32 DAR 1992, 259 = VersR 1992, 710.

Die einzelnen Schadenpositionen § 6

- Bei bloß fiktiver Reparatur verbleibt es bei dem (nach dem BGH VersR 1985, 593) maßgebenden postengenauen Kostenvergleich zwischen fiktiven Reparaturkosten und Ersatzbeschaffung. In diesem Fall ist also auf der Seite der Ersatzbeschaffung der Restwert vom Wiederbeschaffungswert abzuziehen.

Die Restwerte des beschädigten Fahrzeuges sind daher bei der Ermittlung des zu tolerierenden Reparaturkostenaufwandes nicht zu berücksichtigen.

Beispiel
Wiederbeschaffungswert 10.000 EUR
Restwert 2.000 EUR
erlaubter Reparaturkostenaufwand einschließlich merkantiler
Minderwert (130 % von 10.000) 13.000 EUR.

bb) Während diese Entscheidung noch den Eindruck erweckte, dass der Geschädigte diese Leistungsverbesserung nur bei Nachweis des entsprechenden Reparaturkostenaufwandes erhalten konnte, hat der BGH dann in einer weiteren Entscheidung vom 17.3.1992[33] klargestellt, dass die Leistungsverbesserung auf 130 % des Wiederbeschaffungswertes auch bei einer **Selbstreparatur** zu zahlen ist. Die **Leitsätze** dieser Entscheidung lauten:

- Hat der Geschädigte nach einem Unfall sein Fahrzeug in eigener Regie wieder instand gesetzt und dadurch sein Integritätsinteresse bekundet, so kann er vom Schädiger die für eine Reparatur in einer Kundendienstwerkstatt erforderlichen Kosten verlangen, falls diese 130 % des Wiederbeschaffungswertes für ein gleichwertiges Fahrzeug nicht übersteigen.
- Halten sich bei tatsächlicher Reparatur die vom Geschädigten auf der Grundlage eines Sachverständigengutachtens geltend gemachten Instandsetzungskosten in diesem Rahmen, so kann der Geschädigte sie beanspruchen, ohne ihre Entstehung im Einzelnen belegen zu müssen."

In dem entschiedenen Fall war der Geschädigte selbst **Kraftfahrzeugmechaniker** und hatte daher die Reparaturarbeiten auch selbst durchgeführt. Der BGH führt in der Urteilsbegründung aus, dass Richtschnur für die Ersatzleistung gemäß § 249 Abs. 2 BGB nicht die tatsächlich aufgewendeten Reparaturkosten seien, sondern „der zur Herstellung erforderliche Geldbetrag".

---

33 VersR 1992, 710 = NJW 1991, 1618 = DAR 1992, 259.

Wenn daher mit einem objektiv richtigen Gutachten der erforderliche Geldbetrag ermittelt worden ist, unterliegt es der Dispositionsbefugnis des Geschädigten, ob und wann und in welchem Umfang er diesen „erforderlichen Geldbetrag" verwendet.

26 cc) Auch nach dieser BGH-Entscheidung kann der Geschädigte nicht – wie es zwischenzeitlich in der Praxis häufig geschieht – generell 130 % des Wiederbeschaffungswertes verlangen. Das Integritätsinteresse am Fahrzeug ergibt sich nur daraus, dass die **Reparaturarbeiten auch tatsächlich und fachmännisch durchgeführt werden**.[34]

Eine provisorische **Notreparatur** oder eine unfachmännische Selbstreparatur löst daher noch **nicht** den Anspruch auf eine erhöhte Reparaturkostenentschädigung aus.[35] Der Geschädigte muss **beweisen**, dass das Fahrzeug fachgerecht repariert worden ist;[36] eine **fachmännische** Reparatur mit **gebrauchten Ersatzteilen** reicht aus.[37]

Bescheinigung und **Foto** eines **Sachverständigen**, dass eine ordnungsgemäße Reparatur des Fahrzeuges erfolgt sei, reichen als Nachweis **nicht** aus.[38]

Ebenso genügt eine **fachgerechte Eigenreparatur**,[39] selbst ein günstigerer Reparaturweg wird als ausreichend angesehen, wenn die Reparaturarbeiten gleichwohl fachgerecht durchgeführt worden sind, beispielsweise durch den Einbau von **Gebrauchtteilen**.[40]

Das Integritätsinteresse ist nur dann schützenswert, wenn der Geschädigte das Fahrzeug nach der Reparatur auch **tatsächlich weiter benutzen will**. Wenn

---

34 BGH SP 2005, 126; OLG Hamm zfs 1993, 10 = r+s 1993, 379; OLG Hamm SP 1996, 314; OLG Düsseldorf SP 2001, 269; OLG Hamm SP 2002, 165; OLG Celle SP 2005, 127.
35 OLG Hamm zfs 1997, 371 = SP 1999, 198.
36 OLG Hamm r+s 1993, 379; OLG Hamm zfs 1995, 415 = SP 1996, 18 = r+s 1996, 101; OLG Düsseldorf zfs 1995, 253 = r+s 1995, 416; OLG Düsseldorf r+s 1996, 182 = SP 1996, 249; OLG Stuttgart DAR 2003, 176 = SP 2003, 202; LG Münster zfs 1994, 445; vgl. *Lemcke*, r+s 1992, 234; LG Bielefeld SP 1995, 367; LG Lüneburg SP 1997, 14, OLG Köln SP 1999, 198; LG München SP 2003, 60 m.w.N.
37 OLG Oldenburg DAR 2000, 359 = VersR 2001, 997.
38 OLG Saarbrücken SP 1999, 91; OLG Karlsruhe SP 1999, 271. A.A.: LG Gießen SP 1996, 114.
39 OLG Dresden DAR 1996, 54; OLG Düsseldorf SP 1997, 194; OLG Düsseldorf SP 1997, 201; OLG Hamm DAR 2002, 215.
40 OLG Oldenburg SP 2000, 310 = zfs 2000, 339; LG Kassel zfs 1996, 13.

das Fahrzeug alsbald nach durchgeführter Reparatur veräußert wird, besteht kein Anspruch auf 130 % des Wiederbeschaffungswertes.[41]

Der Integritätszuschlag entfällt auch dann, wenn das Fahrzeug für längere Zeit (hier 29 Monate) **stillgelegt** und dann erst repariert wird.[42]

Wenn nach einem **schweren Unfall** der Geschädigte sich in dem reparierten Fahrzeug unsicher fühlt und durch die Unfallverletzung **psychisch** beeinträchtigt ist, ändert eine hierdurch veranlasste kurzfristige Veräußerung des Fahrzeuges nichts an dem Anspruch auf Reparaturkostenersatz bis zu 130 % des Wiederbeschaffungswertes.[43]

dd) Der BGH hat in einer weiteren Entscheidung vom 15.10.1991 zur 130 %-Grenze[44] ein Berufungsurteil des OLG Köln[45] bestätigt.

Die **Leitsätze** lauten:

- Auch bei sog. wirtschaftlichen Totalschäden eines Kraftfahrzeuges verbleibt dem Geschädigten der Herstellungsanspruch aus § 249 BGB, wenn es ihm möglich ist, sich mit wirtschaftlich vernünftigem Aufwand ein gleichwertiges Ersatzfahrzeug zu beschaffen.
- Liegen die (voraussichtlichen) Kosten der Reparatur eines Kraftfahrzeuges mehr als 30 % über dem Wiederbeschaffungswert, so ist die Instandsetzung in aller Regel wirtschaftlich unvernünftig. Lässt der Geschädigte sein Fahrzeug dennoch reparieren, so können die Kosten nicht in einen vom Schädiger auszugleichenden wirtschaftlich vernünftigen Teil (bis zu 130 % des Wiederbeschaffungswertes) und einen vom Geschädigten selbst zu tragenden wirtschaftlich unvernünftigen Teil aufgespalten werden. In solchem Falle kann der Geschädigte vom Schädiger nur die Wiederbeschaffungskosten verlangen.

---

41 OLG Köln SP 1996, 315; OLG Karlsruhe zfs 1997, 53; Saarländisches OLG SP 1998, 318 = MDR 1998, 1346; OLG Düsseldorf SP 1998, 390; LG Duisburg SP 1997, 116; OLG Hamm r+s 1999, 241; OLG Hamm VersR 2001, 257; LG Wuppertal SP 2000, 163.
42 Saarländisches OLG SP 1998, 318 = MDR 1998, 1346.
43 OLG Düsseldorf SP 1997, 201.
44 BGH VersR 1992, 64 = r+s 1992, 15 = DAR 1992, 25.
45 r+s 1991, 267.

§ 6 Die einzelnen Schadenpositionen

In dem vom BGH entschiedenen Fall ging es um folgende Beträge:

Durch Gutachter geschätzte Reparaturkosten	30.200 DM
Wiederbeschaffungswert	21.000 DM
Restwert	4.000 DM
unfallbedingte Reparaturkosten	34.000 DM

28 ee) Die Begründung dieser Entscheidung ist wenig überzeugend und steht auch in einem logischen Widerspruch zu der vorgenannten Entscheidung desselben Senats vom selben Tage:

Im Vordergrund der 130 %-Rechtsprechung des BGH steht das Integritätsinteresse des Geschädigten, der trotz eines wirtschaftlichen Totalschadens sein ihm vertrautes Fahrzeug auf Kosten des Schädigers reparieren darf, anstatt auf dem Gebrauchtwagenmarkt ein Ersatzfahrzeug suchen zu müssen.

Dieses Integritätsinteresse soll nach Auffassung des BGH keine Bedeutung mehr haben, wenn die Reparaturkosten über 130 % des Wiederbeschaffungswertes liegen!

Deutlicher als durch die Übernahme eines Teils der Reparaturkosten kann ein Geschädigter sein Integritätsinteresse wohl kaum unter Beweis stellen.

29 ff) Die 130 %-Grenze gilt auch dann, wenn durch **Sondernachlässe manipuliert** wird, um diese Grenze zu unterschreiten.[46]

30 gg) Die 130 %-Rechtsprechung gilt auch für **Nutzfahrzeuge**[47] und für gewerblich genutzte Fahrzeuge wie zum Beispiel Taxen.[48]

31 hh) Der Integritätszuschlag ist auch dann geschuldet, wenn die Reparatur nach gutachtlicher Schätzung mehr als 130 % des Wiederbeschaffungswertes kosten würde, die Reparatur tatsächlich aber vollständig und fachgerecht mit einem Kostenaufwand von weniger als 130 % durchgeführt worden ist;[49] eine fachgerechte Reparatur mit **Gebrauchtteilen**[50] genügt.

---

46 LG Bremen SP 1998, 425.
47 OLG Hamm r+s 1998, 284.
48 BGH SP 1999, 51; BGH SP 1999, 51 = DAR 1999, 165; OLG Dresden SP 2002, 16.
49 OLG Dresden DAR 2001, 303 = SP 2002, 160.
50 OLG Düsseldorf SP 2002, 24.

e) Beratungshinweis

Bei einem wirtschaftlichen Totalschaden muss der Mandant darauf hingewiesen werden, dass

- er sein Fahrzeug gleichwohl bis zu **130 % des Wiederbeschaffungswertes** reparieren darf,
- ein **Prognoserisiko** der Werkstatt oder des Sachverständigen zu Lasten des **Schädigers** geht,
- er die erhöhte Entschädigungsleistung nur bei **Nachweis** der fachgerechten Reparatur verlangen kann.

32

f) Restwerterlös

Bei Abrechnung des Totalschadens ergibt sich die Entschädigungsleistung aus der Differenz zwischen dem Wiederbeschaffungswert und dem Restwert des beschädigten Fahrzeuges.[51]

33

aa) Wenn der mit der Schadenfeststellung beauftragte Sachverständige den Restwert in seinem Gutachten ermittelt hat, muss in der Regel das Fahrzeug umgehend veräußert werden, damit **Standgeldkosten** vermieden werden.

34

Findet der Geschädigte keinen Interessenten, der bereit ist, das beschädigte Fahrzeug zu dem geschätzten Restwert zu übernehmen, ist für ihn die weitere Sachbehandlung unproblematisch: Der Geschädigte kann den **Sachverständigen** und/oder den ersatzpflichtigen **Haftpflichtversicherer auffordern**, einen Interessenten zu benennen, der bereit ist, das Fahrzeug zu dem geschätzten Betrag zu übernehmen.[52]

bb) Problematischer sind jedoch die Fälle, in denen der ersatzpflichtige Haftpflichtversicherer einwendet, der Sachverständige habe den Restwert zu niedrig geschätzt, es lägen Angebote anderer Interessenten vor, die einen erheblich höheren Betrag für die Restwerte zahlen würden.

35

cc) Gegenstand von Auseinandersetzungen zwischen Geschädigtem und ersatzpflichtigem Haftpflichtversicherer ist oft die Frage, ob und in welchem

36

---

51 *Trost*, VersR 2002, 795 ff.
52 AG Köln SP 1997, 468.

Umfang und für welchen Zeitraum der Geschädigte verpflichtet ist, dem Haftpflichtversicherer Gelegenheit zu geben, sich um eine günstigere Verwertung der Restwerte zu bemühen.

Ausgehend von dem Grundsatz, dass ein Geschädigter an einem Schadenfall nicht „verdienen" darf, ist bei der Schadenberechnung nicht der vom Sachverständigen geschätzte Restwert zugrunde zu legen, sondern der Betrag, den der Geschädigte bei der **bestmöglichen Verwertung** des Restfahrzeuges tatsächlich erzielt.[53]

37 dd) Der Geschädigte ist somit einerseits gehalten, die Restwerte möglichst kurzfristig zu veräußern, um Standgeldkosten zu sparen, während andererseits dem Versicherer Gelegenheit gegeben werden muss, einen höheren Restwert als den vom Sachverständigen geschätzten Betrag zu erzielen. Der Geschädigte selbst ist nicht verpflichtet, eigene Bemühungen dahingehend anzustellen, für sein Unfallfahrzeug einen **höheren Preis** zu erzielen.[54]

Die Darlegungs- und **Beweislast** liegt beim **Haftpflichtversicherer**.[55]

38 ee) Wenn der Geschädigte einen höheren Erlös für die Restwerte erzielt als im Gutachten ermittelt worden ist, muss er sich auch diesen „**Übererlös**" anrechnen lassen, es sei denn, dieser höhere Erlös war nur unter Aufwendung überobligatorischer Anstrengungen zu erzielen.[56] Der BGH[57] stellt ausdrücklich fest, dass ein Geschädigter an einem Schadenfall nicht „verdienen" darf.

39 ff) Eine Vielzahl von Instanzgerichten[58] hat es als Verstoß gegen die Schadenminderungspflicht angesehen, wenn ein Geschädigter bei einem Totalschaden die Restwerte zu dem im Sachverständigengutachten ermittelten Betrag veräußerte, ohne vorher dem gegnerischen Haftpflichtversicherer Gelegenheit zu geben, einen günstigeren Restwert zu erzielen.

---

53 BGH VersR 1992, 457 = DAR 1992, 172 = r+s 1992, 122 = zfs 1992, 115; LG Mainz zfs 1999, 239.
54 BGH DAR 1985, 218; *Fleischmann*, zfs 1989, 1 ff. m.w.N.
55 *Gerlach*, DAR 1993, 202 ff. mit umfassender Rechtsprechungsübersicht.
56 BGH VersR 1992, 467 = zfs 92, 115 m.w.N.; BGH DAR 2005, 152 = NZV 2005, 140 = zfs 2005, 184; OLG Düsseldorf zfs 1993, 338; LG Mainz zfs 1999, 239.
57 A.a.O.
58 OLG Zweibrücken zfs 1991, 263; OLG Oldenburg r+s 1991, 128; OLG Frankfurt zfs 1992, 10 = VersR 1992, 620; LG Nürnberg-Fürth zfs 1991, 121; LG Aachen zfs 1991, 103 m.w.N.; LG Mainz r+s 1992, 92.

gg) Diese Rechtsprechung ist durch die Entscheidung des BGH vom 21.1.1992[59] überholt. **40**

Der BGH führt aus, dass auf die individuellen Erkenntnisse und Einflussmöglichkeiten des Geschädigten Rücksicht zu nehmen ist. Diese subjektbezogene Schadenbetrachtung berechtigt den Geschädigten, sein Fahrzeug einem angesehenen Gebrauchtwagenhändler zu dem **vom Sachverständigen kalkulierten Betrag zu veräußern.** Der Haftpflichtversicherer könne den Geschädigten nicht auf einen höheren Restwerterlös verweisen, der nur auf einem dem Geschädigten erst durch ihn (den Haftpflichtversicherer) eröffneten Sondermarkt, etwa durch Einschaltung spezialisierter Restwerte-Aufkäufer, zu erzielen wäre. Unter Hinweis auf *Gebhardt*[60] bestätigt der BGH, dass nur der Betrag anzurechnen ist, den der Geschädigte bei **zumutbaren Bemühungen** auf dem ihm zugänglichen seriösen Gebrauchtwagenmarkt erzielen kann.[61]

hh) Den Bemühungen mancher Haftpflichtversicherer, durch nachträglich eingeholte Angebote von spezialisierten Restwerte-Aufkäufern den Schadenbetrag zu kürzen, wird somit eine eindeutige Absage erteilt. **41**

Wenn der ersatzpflichtige Haftpflichtversicherer meint, dass der vom Geschädigten beauftragte Sachverständige den Restwert zu gering angesetzt hat, bleibt es dem Haftpflichtversicherer unbenommen, sich insoweit entweder die Ansprüche des Geschädigten **gegen den Sachverständigen** wegen Schlechterfüllung des Vertrags abtreten zu lassen oder auch unmittelbar Schadenersatzansprüche gegen den Sachverständigen geltend zu machen. Der Vertrag zwischen Geschädigtem und Sachverständigem ist ein Vertrag mit Schutzwirkung zugunsten Dritter, so dass der Haftpflichtversicherer auch unmittelbar Schadenersatzansprüche gegen den Sachverständigen geltend machen kann.[62]

Die Auseinandersetzung wegen der Fehler eines Sachverständigengutachtens hat somit **unmittelbar** zwischen dem ersatzpflichtigen Haftpflichtversicherer und dem **Sachverständigen** zu erfolgen, es sei denn, dem Geschädigten kann ein Auswahlverschulden zur Last gelegt werden.

---

59 VersR 1992, 457 = DAR 1992, 172 = r+s 1992, 122 = zfs 1992, 115.
60 DAR 1991, 373 ff.; ebenso *Gebhardt*, AnwBl 2002, 320 ff.
61 LG Köln zfs 1999, 238.
62 BGH NJW 1984, 355 = VersR 1983, 85; LG Stuttgart zfs 1992, 51; OLG München r+s 1990, 273 = zfs 1990, 296.

42 ii) Es liegt daher nur dann ein Verstoß gegen die Schadenminderungspflicht vor, wenn **nach** Vermittlung eines höheren Restwertangebotes durch den Versicherer die Veräußerung zum niedrigeren Preis erfolgt;[63] ebenso liegt ein Verstoß gegen die Schadenminderungspflicht vor, wenn der Versicherer unmissverständlich darum **gebeten** hat, **keine Weiterveräußerung** vorzunehmen, weil ein höheres Restwertangebot eingeholt werden soll.[64] Auch liegt ein Verstoß gegen die Schadenminderungspflicht vor, wenn die Restwerte vor Kenntnis des Sachverständigengutachtens veräußert werden.[65]

Aber: Der bloße Hinweis auf ein höheres Restwertangebot genügt nicht, wenn sich der Geschädigte noch um die Realisierung dieses Angebotes **bemühen muss**.[66]

g) Beratungshinweis

43
- Der Geschädigte ist berechtigt, die Restwerte seines Fahrzeuges zu dem Preis zu veräußern, der im **Sachverständigengutachten** ermittelt worden ist.
- Nach Bekanntgabe eines **höheren Restwertangebotes** darf der Geschädigte nicht mehr die Restwerte zu dem niedrigeren Betrag veräußern, der im Sachverständigengutachten genannt ist.
- Einen **Übererlös** muss er sich anrechnen lassen, wenn dieser Erlös ohne überobligatorische Anstrengungen zu erzielen war und nicht darauf beruht, dass das Fahrzeug beim Kauf eines Neufahrzeuges in Zahlung gegeben wurde.

h) Rechtsprechungsübersicht

aa) Rechtsprechung zugunsten des Geschädigten

44
- Der Geschädigte kann bei einem wirtschaftlichen Totalschaden sein Fahrzeug auf Kosten des Schädigers mit einem Aufwand von bis zu **130 % des**

---

63 BGH SP 2000, 89 = zfs 2000, 103; OLG Celle VersR 1993, 986; OLG Düsseldorf r+s 1999, 24; LG Gießen MDR 1999, 1136; LG Wuppertal SP 2003, 383; AG Flensburg zfs 2001, 210.
64 LG Hannover zfs 1999, 194.
65 LG Tübingen SP 2003, 101.
66 BGH SP 2000, 89 = MDR 2000, 330 = DAR 2000, 159 = zfs 2000, 103.

Wiederbeschaffungswertes** reparieren lassen;[67] dies gilt auch bei fachmännischer Selbstreparatur.[68]
- Der Versicherer kann den Geschädigten **nicht** auf einen höheren **Restwerterlös** verweisen, der nur auf einem **Sondermarkt** (spezialisierte Restwerte-Aufkäufer) zu erzielen ist.[69]
- Liegen die Reparaturkosten aufgrund eines **Prognosefehlers** des Sachverständigen über 130 %, müssen die Reparaturkosten gleichwohl vom Schädiger ersetzt werden.[70]
- Ein „**versteckter**" Rabatt durch höheren Restwert bei Inzahlungnahme eines Neufahrzeuges steht dem Geschädigten zu.[71]
- Für die Bemessung des Neupreises ist der Zeitpunkt der letzten mündlichen Verhandlung maßgeblich; eine zwischenzeitliche **Preiserhöhung** geht zu Lasten des Schädigers.[72]
- **Verbringungskosten** in eine Lackiererei sind **fiktiv** zu ersetzen, da es sich bei Lackierern und Karosseriebauern um zwei verschiedene Handwerksberufe handelt und es keinesfalls typisch ist, dass diese in der gleichen Werkstatt angesiedelt sind.[73]
- Bei fiktiver Abrechnung können die **Werkstattlöhne** einer Fachwerkstatt oder Kundendienstwerkstatt des **Herstellerwerks** verlangt werden.[74]
- **UPE-Aufschläge**, die für die Bevorratung von Ersatzteilen anfallen, sind ersatzfähig, da die sofortige Verfügbarkeit die Reparaturdauer verkürzt;[75] diese Aufschläge können auch **fiktiv** abgerechnet werden.[76]

---

67 BGH VersR 1992, 61 = DAR 1992, 22.
68 BGH DAR 1992, 259.
69 BGH VersR 1992, 457 = zfs 1992, 115; BGH zfs 1993, 229 = DAR 1993, 251; OLG Hamm DAR 1992, 431; LG Kleve zfs 1992, 115; LG Oldenburg SP 1997, 432.
70 OLG München zfs 1992, 304 = NZV 1991, 267.
71 OLG Köln VersR 1994, 1290.
72 OLG Köln r+s 1993, 139.
73 LG Paderborn DAR 1999, 128; LG Gera r+s 1999, 507 = DAR 1999, 550; AG Göttingen DAR 1999, 123 mit Rechtsprechungsübersicht. A.A.: LG Bielefeld SP 1997, 73; LG Darmstadt SP 2000, 132; AG Mönchengladbach SP 1996, 101; AG Arnsberg SP 1996, 247; AG Neumünster zfs 2002, 179.
74 BGH NJW 1992, 1618; BGH SP 2003, 201 = DAR 2003, 154 = VersR 2003, 920 = NZV 2003, 372; LG Oldenburg zfs 1999, 335; AG Gelsenkirchen zfs 1998, 53 = SP 1998, 325. A.A.: OLG Hamm DAR 1996, 400 = SP 1996, 390.
75 AG Darmstadt zfs 1999, 152.
76 LG Oldenburg zfs 1999, 335; AG Dortmund zfs 1999, 152; AG Karlsruhe zfs 2002, 230 m.w.N.

bb) Rechtsprechung zugunsten des Schädigers

45
- Auch bei einem neuwertigen Fahrzeug (Kilometerleistung 260 km) besteht **kein Neuwagenanspruch**, wenn die Reparaturkosten nur **9,6 % des Anschaffungspreises** betragen und Blechschäden spurlos beseitigt werden können.[77]
- Wenn die voraussichtlichen Reparaturkosten **mehr als 130 %** des Wiederbeschaffungswertes ausmachen, ist eine Reparatur wirtschaftlich unvernünftig, der Geschädigte kann lediglich Abrechnung auf der Basis eines **wirtschaftlichen Totalschadens** beanspruchen;[78] dies gilt auch bei einer „Billigreparatur", die unter 130 % liegt.[79]
- **Ersatzteilaufschlag, Kleinersatzteile, Verbringungskosten, Reinigungskosten,** fallen nicht in jeder Werkstatt oder bei einer Selbstreparatur an; sie sind daher **nicht fiktiv**, sondern nur bei Nachweis zu erstatten.[80]
- Bei fiktiver Abrechnung können die Reparaturkosten nur bis zur sogenannten **Wirtschaftlichkeitsgrenze** verlangt werden; der Geschädigte kann als Obergrenze nur die **Differenz zwischen Wiederbeschaffungswert und Restwert** beanspruchen.[81]
- Bei fiktiver Schadenabrechnung können nur die **ortsüblichen Verrechnungssätze** geltend gemacht werden.[82]

---

[77] LG Düsseldorf r+s 1991, 417; LG München I SP 1997, 14.
[78] BGH r+s 1992, 15.
[79] LG Freiburg VersR 1994, 832.
[80] AG Leverkusen SP 1996, 281; AG Amberg SP 1996, 247; AG Hermeskeil SP 1996, 223; AG Steinfurt SP 1998, 321; AG Lüdenscheid SP 1999, 53; AG Bochum SP 2001, 133; AG Siegburg SP 2001, 204; AG München SP 2003, 61; AG Marienberg SP 2004, 123. A.A.: LG Oldenburg zfs 1999, 335; AG Berlin Mitte zfs 1996, 179; AG Bochum SP 1996, 383; AG Essen SP 1996, 213; AG Kronach SP 1998, 321.
[81] BGH VersR 1992, 457; OLG Köln VersR 1993, 1290; OLG Hamm zfs 1995, 415; OLG Düsseldorf SP 1996, 249 = VersR 1996, 904 = zfs 1996, 373; OLG Düsseldorf SP 2004, 373 = r+s 2004, 392.
[82] OLG Hamm DAR 1996, 400 = SP 1996, 390; LG Bielefeld SP 1997, 73; AG Pforzheim DAR 1996, 501 = SP 1997, 78; AG Mönchengladbach-Rheidt SP 1997, 161; AG Siegburg SP 2001, 204. A.A.: BGH SP 2003, 201 = zfs 2003, 405.

2. Mietwagenkosten

a) Verzicht auf Mietwagen

Kosten für einen Mietwagen gehören zum Herstellungsaufwand, so dass diese Mietwagenkosten für einen angemessenen Zeitraum während der Schadenbehebung zu ersetzen sind.[83]   46

Der Geschädigte darf grundsätzlich **ein Fahrzeug gleichen Typs mieten**.[84]

Gleichwohl sollte man aus Gründen äußerster anwaltlicher Vorsorge von der Inanspruchnahme eines Mietwagens **abraten,** weil   47
- der Geschädigte die Mietwagenkosten **bezahlen** muss, unabhängig davon, ob und wann eine Schadenregulierung erfolgt,
- ein **Abzug** für Eigenersparnis von 15 bis 20 % zu erwarten ist, auch wenn ein klassenniedrigeres Fahrzeug angemietet wird,[85]
- der Konsumverzicht durch die **Nutzungsentschädigung** „versüßt" wird.

Zwar stunden Mietwagenunternehmen oft zunächst Ihre Rechnung für die Dauer von zwei bis vier Wochen. Wenn dann jedoch eine Schadenregulierung nicht erfolgt ist, muss der Geschädigte oft **in Vorlage** treten. Schließlich ist auch mit einem Abzug für Eigenersparnis zu rechnen, wenn ein Fahrzeug einer niedrigeren Wagenklasse in Anspruch genommen wird.   48

Nur dann, wenn ein **deutlich geringwertiges Fahrzeug** angemietet wird, kann der Abzug für ersparte Eigenaufwendungen **entfallen**.[86]   49

b) Mietwagendauer

Im Regelfall sind sowohl die Reparatur eines beschädigten Fahrzeuges als auch bei einem Totalschaden die Ersatzbeschaffung in **zwei bis drei Wochen** vorzunehmen.   50

---

83 BGH DAR 2005, 21, 22; vgl. *Notthoff,* VersR 1996, 12; zfs 1998, 1 ff. mit Rechtsprechungsübersicht; OLG Düsseldorf VersR 1996, 988 = DAR 1996, 400.
84 BGH NJW 1982, 519.
85 OLG Karlsruhe SP 1996, 348.
86 BGH VersR 1985, 1092 = NJW 1985, 2639; BGH VersR 1994, 741; OLG Frankfurt NJW-RR 1996, 984.

§ 6 Die einzelnen Schadenpositionen

51 aa) Der Geschädigte muss, sobald der von ihm beauftragte Sachverständige das Fahrzeug besichtigt hat, unverzüglich Reparaturauftrag erteilen. Er darf mit dem Auftrag nicht etwa bis zur Reparaturkostenübernahmeerklärung des Haftpflichtversicherers warten.[87] Er hat dafür Sorge zu tragen, dass die Reparaturdauer – und damit die Dauer der Anmietung eines Ersatzfahrzeuges – auf den **unumgänglich notwendigen Zeitraum** beschränkt wird.[88]

52 bb) Der Geschädigte darf auch nicht den Eingang des schriftlichen Sachverständigengutachtens abwarten, er muss sich **telefonisch** beim Sachverständigen nach der Reparaturwürdigkeit seines Fahrzeuges erkundigen und gegebenenfalls unverzüglich den Reparaturauftrag erteilen.[89]

53 cc) Bei Totalschaden besteht ein Anspruch auf Ersatz der Mietwagenkosten nur für den angemessenen Zeitraum der Beschaffung eines Ersatzfahrzeuges, in der Regel liegt auch dieser Zeitraum bei **maximal drei Wochen**.[90]

Bei **älteren** Gebrauchtwagen kann der Wiederbeschaffungszeitraum noch **kürzer** bemessen werden.

Hat der Geschädigte ein Neufahrzeug bestellt, das einen Monat nach dem Unfall ausgeliefert werden soll, so sind auch für diesen Zeitraum die Mietwagenkosten zu ersetzen.

54 dd) Der Geschädigte muss sich um eine zügige Reparatur bemühen, um die Mietwagenkosten möglichst gering zu halten. Er darf daher nur eine geeignete **Fachwerkstatt** beauftragen, die bereit und in der Lage ist, die Reparaturarbeiten kurzfristig durchzuführen. Der Geschädigte muss einen **Reparaturtermin** vereinbaren und gegebenenfalls nachfragen, ob der vereinbarte Reparaturtermin auch tatsächlich eingehalten wird.[91] Notfalls muss der Geschädigte eine **andere Fachwerkstatt** aufsuchen, wenn die von ihm zunächst ausgewählte Werkstatt diesen Anforderungen nicht genügt.[92]

---

[87] OLG Hamm VersR 1986, 43.
[88] OLG Stuttgart VersR 1981, 1016; OLG Naumburg r+s 1994, 178.
[89] BGH zfs 1986, 327.
[90] *Hentschel*, StVG, § 12 Rn 37 m.w.N.
[91] LG Magdeburg SP 1998, 321.
[92] LG Duisburg r+s 1987, 163 m.w.N.

c) Notreparatur

Wenn eine endgültige Schadenbeseitigung **kurzfristig** nicht möglich ist, ist der Geschädigte gehalten, sich gegebenenfalls mit einer Notreparatur zufrieden zu geben und das Fahrzeug dann in diesem Zustand so lange zu benutzen, bis eine endgültige Schadenbeseitigung möglich ist.[93]

55

aa) Bei einem wirtschaftlichen Totalschaden eines älteren Fahrzeuges kann es einem Geschädigten durchaus zugemutet werden, dieses Fahrzeug **provisorisch** instand zu setzen und so lange zu nutzen, bis die Ersatzbeschaffung möglich ist.[94]

56

bb) Die Kosten der Notreparatur sind den voraussichtlichen **Mietwagenkosten gegenüberzustellen**.[95] Das OLG Oldenburg führt aus, dass „nach Reparatur der Schlussleuchte und des hinteren Auspufftopfs" der beschädigte Pkw wieder verkehrstauglich gewesen sei. Allein der Umstand, dass die Anhängerkupplung nicht mehr zu gebrauchen war und dass der Sachverständige in seinem Gutachten ein Vermessen der Hinterachse vorgesehen habe, lasse die Notreparatur nicht als unzumutbar erscheinen.

57

d) Interimsfahrzeug

Wenn die Reparatur oder die Ersatzbeschaffung **unverhältnismäßig** lange dauert, kann dem Geschädigten zugemutet werden, sich ein „Interimsfahrzeug" zu beschaffen, um den drohenden Sachfolgeschaden möglichst gering zu halten.[96]

58

aa) Ein Interimsfahrzeug kommt auch dann in Betracht, wenn der Geschädigte bereits einen **Neuwagen** bestellt hatte, dessen Lieferfrist noch mehrere Monate beträgt. Ebenso ist ein Interimsfahrzeug zuzumuten, wenn der Geschädigte sich unmittelbar vor Antritt einer **Urlaubsreise** befindet, bei der mit einer hohen Kilometerleistung zu rechnen ist.[97]

59

---

93 OLG München zfs 1985, 330; OLG Köln NZV 1990, 429; OLG Karlsruhe r+s 1993, 60; LG München SP 1996, 82.
94 LG Nürnberg-Fürth zfs 1982, 48.
95 OLG Oldenburg zfs 1990, 227.
96 BGH VersR 1982, 548.
97 OLG Schleswig NZV 1990, 150; OLG Hamm r+s 1991, 266; LG Bielefeld DAR 1995, 486.

60 bb) Der „**Vielfahrer**" muss den billigeren Weg eines Zwischenfahrzeuges wählen, allerdings erst nach Kenntnis der voraussichtlichen – langen – Reparaturdauer.[98]

e) Preisvergleich

61 Der Geschädigte ist nicht verpflichtet, Vergleichsangebote einzuholen und einen Preisvergleich anzustellen. Eine derartige Erkundigungspflicht besteht nur dann, wenn das Mietwagenunternehmen **erkennbar überhöhte Preise** verlangt.[99]

62 Der BGH[100] und mehrere Instanzgerichte[101] hatten die Auffassung vertreten, dass ein Geschädigter zwar **keine „Marktforschung"** betreiben müsse, gleichwohl sei es ihm zuzumuten, Vergleichsangebote einzuholen.

63 Zuerst das OLG Stuttgart[102] und nunmehr auch der BGH[103] haben diese Erkundigungspflicht nur noch auf den Fall beschränkt, dass **erkennbar überhöhte Preise** verlangt werden.

f) Unfallersatztarif

64 Die meisten Mietwagenunternehmen bieten sogenannte Unfallersatztarife an, die erheblich teurer sind als Normaltarife. Begründet wird dieser überteuete Tarif damit, dass die Mietwagenkosten üblicherweise gestundet würden und außerdem erhöhte Aufwendungen durch das Ausfüllen von Formularen entstehen. Hierzu hat das OLG Düsseldorf[104] ausgeführt, dass es keinen kaufmännisch vernünftigen Grund gibt, Unfallersatztarife regelmäßig teurer als Normaltarife anzubieten. Mietwagenunternehmen gehen bei Vermietung eines Unfallersatzwagens in der Regel kein höheres Risiko ein, da der Mietwagenunternehmer zumeist auf zwei Schuldner zurückgreifen kann, nämlich den Mieter des Fahrzeuges und die gegnerische Haftpflichtversicherung.

---

98 OLG Köln DAR 1987, 82.
99 BGH r+s 1996, 266 = DAR 1996, 314 = VersR 1996, 902 = SP 1996, 244; OLG Stuttgart DAR 1994, 326.
100 r+s 1985, 218.
101 OLG Karlsruhe r+s 1989, 257; OLG Bamberg zfs 1990, 190 m.w.N.
102 DAR 1994, 326.
103 r+s 1996, 266 = DAR 1996, 314 = VersR 1996, 902 = SP 1996, 244.
104 zfs 1991, 374, 375.

Die einzelnen Schadenpositionen § 6

Die Diskussion über die Ersatzfähigkeit des Unfallersatztarifs ist durch die aktuelle Rechtsprechung des BGH in Bewegung geraten. Der BGH hat in insgesamt vier Entscheidungen ausgeführt, dass ein Unfallersatztarif nur dann als erforderlicher Aufwand zur Schadenbeseitigung angesehen werden kann, wenn der Vermieter besondere Leistungen erbringt, die den höheren Preis rechtfertigen.[105] Sämtliche Verfahren sind an die Berufungsinstanz mit dem Hinweis zurückverwiesen worden, dass die Berufungsgerichte nun klären müssen, ob und inwieweit der überteuerte Unfallersatztarif durch einen entsprechenden Mehraufwand der Mietwagenunternehmen gerechtfertigt ist. Diese Rechtsprechung hat zu einer „Flut" von Aufsätzen zum Unfallersatztarif geführt.[106] 65

Nach der vorgenannten Rechtsprechung kann daher die Anmietung eines Ersatzfahrzeuges zum Unfallersatztarif als Verstoß gegen die Schadenminderungspflicht gemäß § 254 BGB angesehen werden. 66

Es liegt allerdings **kein Verstoß** gegen die Schadenminderungspflicht vor, wenn der Geschädigte keine anderweitige Möglichkeit zu einer günstigeren Ersatzanmietung hatte;[107] insoweit ist der Geschädigte beweispflichtig.[108] Ist die Anmietung zu einem günstigeren Langzeittarif nur bei einer Vorauszahlung möglich, muss der Geschädigte die gegnerische Haftpflichtversicherung einschalten.[109] 67

Ein vernünftig und wirtschaftlich denkender Geschädigter ist gehalten, nach **günstigeren Tarifen zu fragen**, wenn ihm ein Unfallersatztarif angeboten wird, dessen Angemessenheit bedenklich erscheint.[110]

In besonderen Fällen kann es auch zur Schadenminderungspflicht des Geschädigten gehören, seine **Kreditkarte** einzusetzen, um den Normaltarif zu vereinbaren.[111]

---

105 BGH VersR 2005, 239; BGH VersR 2005, 241; BGH VersR 2005, 568; BGH VersR 2005, 569.
106 *Griebenow*, zfs 2005, 109; *Richter*, NZV 2005, 113; *Freyberger*, MDR 2005, 301; *Wenning*, NZV 2005, 169; *Neidhart/Kremer*, NZV 2005, 171.
107 BGH DAR 1996, 314 = r+s 1996, 266 = SP 1996, 244 = VersR 1996, 902; LG Ulm zfs 1993, 227.
108 LG Gießen VersR 1995, 809.
109 LG Stuttgart r+s 1998, 332.
110 BGH NZV 2005, 357, 358.
111 BGH NZV 2005, 357, 359.

g) Sondertarife

68 Der Geschädigte ist im Wege der Schadenminderungspflicht gehalten, Sondertarife (Wochen-Pauschaltarife) in Anspruch zu nehmen.

69 aa) Es liegt daher ein Verstoß gegen die Schadenminderungspflicht vor, wenn der Geschädigte beispielsweise sich als **„Testfahrer"** betätigt und jeden Tag einen anderen Mietwagen in Anspruch nimmt.

70 bb) Alle führenden Autovermieter bieten Wochen-Pauschaltarife zu besonders günstigen Konditionen an. Der Geschädigte muss aufgrund seiner **Schadenminderungspflicht** von diesen Pauschaltarifen Gebrauch machen;[112] dies gilt nicht, wenn in **ländlicher** Gegend Mietwagen nach einem Unfall nur zum Unfallersatztarif angeboten werden.[113]

71 cc) Es liegt allerdings **kein Verstoß** gegen die Schadenminderungspflicht vor, wenn der Geschädigte **keine anderweitige Möglichkeit** zu einer günstigeren Ersatzanmietung hatte;[114] insoweit ist der Geschädigte beweispflichtig.[115]

Ist die Anmietung zu einem günstigen **Langzeittarif** nur bei einer Vorauszahlung möglich, muss der Geschädigte die gegenerische Haftpflichtversicherung einschalten.[116]

h) Missverhältnis zu den Reparaturkosten

72 Der Grundsatz, dass nur solche Mietwagenkosten zu ersetzen sind, die ein verständiger, wirtschaftlich denkender Mensch in der Lage des Geschädigten machen würde,[117] führt dazu, dass Mietwagenkosten in der Regel dann nicht zu erstatten sind, wenn sie in einem **krassen Missverhältnis** zum Fahrzeugschaden stehen.[118]

---

112 OLG Karlsruhe DAR 1989, 420; OLG Köln NZV 1990, 429; OLG Celle zfs 1990, 190; OLG Hamm zfs 1990, 191; OLG Düsseldorf r+s 1991, 375; OLG Karlsruhe r+s 1992, 341; OLG Köln VersR 1993, 767; LG Meiningen VersR 1995, 1067.
113 BGH r+s 1996, 266 = DAR 1996, 314 = VersR 1996, 902 = SP 1996, 244.
114 BGH DAR 1996, 314 = r+s 1996, 266 = SP 1996, 244 = VersR 1996, 902; LG Duisburg zfs 1983, 330; LG Duisburg VersR 1985, 747; LG Ulm zfs 1993, 227.
115 LG Gießen VersR 1995, 809.
116 LG Stuttgart r+s 1988, 332.
117 BGH DAR 1985, 347; BGH NJW 1986, 2945.
118 BGH DAR 1985, 347; OLG Oldenburg VersR 1982, 1154; LG Baden-Baden r+s 1984, 59; LG Köln zfs 1987, 137; LG Mainz SP 1996, 85.

aa) Mietwagenkosten werden daher in der Regel dann nicht ersetzt, wenn sie **erheblich höher als der Fahrzeugschaden** sind.[119] 73

Es fehlt jedoch jede rechtliche Möglichkeit oder Rechtsgrundlage, die Höhe des Sachfolgeschadens mit der Höhe des Sachschadens zu verknüpfen. Folgerichtig hat der BGH[120] Mietwagenkosten in Höhe von über 9.000 DM bei Reparaturkosten von 3.750 DM als erstattungsfähig anerkannt.

bb) Wenn ein Geschädigter unmittelbar **vor** einer vollständig vorbereiteten und unaufschiebbaren **Urlaubsreise** einen Unfall erleidet, kann er auch für mehr als 7.000 km einen Mietwagen in Anspruch nehmen.[121] 74

i) Ausfall älterer Fahrzeuge

Bei sehr alten, technisch nicht mehr zuverlässigen Fahrzeugen von nur noch geringem Verkehrs- und Gebrauchswert muss der Geschädigte sich mit der Anmietung eines Fahrzeuges begnügen, welches um **mehrere Klassen niedriger** als sein eigenes Fahrzeug ist. 75

Hierzu heißt es in einer Entscheidung des OLG Hamm vom 11.1.1988,[122] dass der **Fahrkomfort** eines sehr alten Fahrzeuges mit hoher Kilometerleistung erheblich geringer ist als der eines – in der Regel neuwertigen – Mietfahrzeuges einer niedrigeren Wagenklasse; dies ist noch **nicht** bei einem **neun Jahre** alten Fahrzeug der Fall.[123] 76

Ebenso führt das OLG Stuttgart in einer Entscheidung vom 8.12.1987[124] aus, dass der Geschädigte sich mit einem um einige Preisklassen billigeren Ersatzfahrzeug begnügen muss, wenn sein Fahrzeug **15 Jahre alt** ist und über 200.000 km gelaufen ist. 77

---

119 *Hentschel*, StVG, § 12 Rn 33 m.w.N.
120 VersR 1985, 1090, 1091.
121 BGH DAR 1985, 347.
122 zfs 1989, 49.
123 OLG Hamm MDR 2000, 639.
124 zfs 1989, 49.

§ 6 Die einzelnen Schadenpositionen

j) Zu hohe Kilometerleistung

78 Es entspricht dem Grundsatz der Naturalrestitution, dass der Geschädigte, der ein Ersatzfahrzeug mietet, mit diesem in etwa die gleiche Strecke zurücklegen darf, für die er ohne den Unfall sein **eigenes Fahrzeug** in Anspruch genommen hätte.

79 aa) Die Fälle, in denen ein Geschädigter mit dem Mietfahrzeug zu weite Fahrstrecken zurücklegt, kommen meist nur dann vor, wenn der Geschädigte einen Unfall unmittelbar vor oder während einer **Urlaubsreise** oder einer **Auslandsfahrt** erleidet. Wenn wegen der Kürze der Zeit oder aus anderen Gründen die Beschaffung eines Interimsfahrzeuges nicht zugemutet werden kann, wenn auch kein krasses Missverhältnis zwischen den Mietwagenkosten und dem Wert des beschädigten Fahrzeuges besteht, ist es dem Geschädigten grundsätzlich zuzubilligen, seine Reise planmäßig mit einem Mietfahrzeug durchzuführen.

80 bb) Ist der Geschädigte ein **„Vielfahrer"**, der täglich zwischen 500 und 1.000 km mit seinem Fahrzeug zurücklegt, kann ihm für eine Reparaturdauer oder Wiederbeschaffungsdauer von zwei bis vier Wochen in der Regel nicht zugemutet werden, ein **Interimsfahrzeug** zu erwerben.

Wenn aber aufgrund der Fahrleistung des beschädigten Fahrzeuges nachvollzogen werden kann, wie viel der Geschädigte durchschnittlich mit seinem eigenen Fahrzeug fährt, muss der **Geschädigte darlegen und beweisen**, weshalb ausgerechnet zur Zeit der Inanspruchnahme eines Mietwagens eine erhöhte Kilometerleistung angefallen ist.

81 cc) Zu hohe Fahrleistungen kommen auch dann vor, wenn das eigene – beschädigte – Fahrzeug verschlissen und unzuverlässig ist, so dass die Freude an der Benutzung eines – neuwertigen – Mietwagens zu einem ungewohnten und daher besonders **intensiv genutzten Fahrvergnügen** führt.

Liegt daher die mit dem Mietfahrzeug gefahrene Strecke weit über der durchschnittlichen Fahrleistung mit dem eigenen Fahrzeug, kann von einem Verstoß gegen die Schadenminderungspflicht gemäß § 254 Abs. 2 BGB ausgegangen werden.

Es ist dann Aufgabe des **Schädigers**, die überdurchschnittliche Fahrleistung mit dem Mietwagen darzulegen und zu beweisen, während der **Geschädigte** die Notwendigkeit dieser Fahrleistung darlegen und beweisen muss, insbesondere unter dem Aspekt, dass auch mit dem eigenen Fahrzeug diese Fahrleistung ebenfalls erfolgt wäre.

k) Zu niedrige Kilometerleistung

In der Praxis bedeutsamer ist die Auseinandersetzung darüber, dass der Geschädigte mit dem Mietfahrzeug nur wenige Kilometer gefahren ist, so dass die Mietwagenkosten selbst im Vergleich zu den Kosten eines **Taxis** unverhältnismäßig hoch sind. 82

Auch hier ist zunächst Ausgangspunkt der Grundsatz der **Naturalrestitution**, dass ein Geschädigter, der ein eigenes Fahrzeug unterhält, Anspruch darauf hat, ständig über ein fahrtüchtiges Fahrzeug zu verfügen. Dieser Anspruch findet jedoch dann seine Grenze, wenn durch die Anmietung eines Ersatzfahrzeuges Kosten entstehen, die bei vernünftiger wirtschaftlicher Betrachtungsweise unsinnig hoch erscheinen.[125] 83

aa) Der Geschädigte muss seinen voraussichtlichen **Fahrbedarf – ex ante – abschätzen** und diesen Kostenaufwand eines Mietfahrzeuges den Kosten einer **Taxibenutzung** gegenüberstellen. 84

Erweist sich die Schätzung aus unvorhersehbaren Gründen nach erfolgter Ersatzanmietung als unzutreffend, so kann darin kein Verstoß gegen die Schadenminderungspflicht gesehen werden. In Betracht kommt allenfalls, dass der Verstoß der Schadenminderungspflicht darin liegt, den Mietwagen trotz nunmehr feststehender geringerer Kilometerleistung nicht zurückgegeben zu haben.

> *Beispiel*
> Der Geschädigte mietet ein Ersatzfahrzeug, insbesondere, um seinen Arbeitsplatz zu erreichen. Während der Mietzeit wird der Geschädigte plötzlich krank oder an einen Arbeitsplatz in unmittelbarer Nähe seiner Wohnung versetzt.

bb) In besonderen Ausnahmefällen kann der Geschädigte auch dann ein Mietfahrzeug benutzen, wenn ihm Taxifahrten nicht zuzumuten sind oder wenn er 85

---

[125] *Himmelreich/Klimke/Bücken*, Rn 1541 mit umfassender Rechtsprechungsübersicht.

aus persönlichen, beruflichen oder anderen Gründen darauf **angewiesen** ist, dass ihm ständig ein **fahrbereites Fahrzeug** zur Verfügung steht.[126]
Diese Voraussetzungen liegen z.b. vor, wenn
- der Geschädigte **krank** ist oder kranke Familienangehörige hat, so dass schnelle Arztbesuche erforderlich sind,
- der Geschädigte sein Fahrzeug zu **Geschäftsfahrten** nutzt,
- der Geschädigte als **praktizierender Arzt** Krankenbesuche durchführen muss,
- der Geschädigte als **Handelsvertreter** Warenproben oder umfangreiche Geschäftsunterlagen mit sich führen muss,
- das nächste Taxiunternehmen so weit entfernt ist, dass zu lange Anfahrzeiten und **Wartezeiten** in Kauf genommen werden müssen,
- das Mietfahrzeug täglich für eine **Vielzahl** verhältnismäßig **kurzer Fahrten** zur Schule, zum Kindergarten und zum Einkaufen genutzt wird.

l) Fahrzeugklasse

86 Der Geschädigte darf sich grundsätzlich einen Pkw gleichen Typs mieten.[127] Wenn ein typengleicher Pkw nur zu einem besonders hohen Mietzins zu haben ist, muss der Geschädigte sich mit einem **weniger aufwendigen Fahrzeug** begnügen.[128]

87 Bei einem **älteren Pkw** mit geringem Gebrauchswert sind nur die Kosten für einen **wertgleichen Mietwagen** zu ersetzen.[129]

m) Haftungsfreistellung

88 Die Kosten für Haftungsfreistellung / Vollkaskoversicherung bezüglich des Mietwagens sind nur dann zu ersetzen, wenn auch das Fahrzeug des Geschädigten **vollkaskoversichert** ist.[130]

---

[126] *Himmelreich / Klimke / Bücken*, Rn 1544 m.w.N.
[127] BGH NJW 1982, 1519; OLG Düsseldorf VersR 1996, 988.
[128] BGH NJW 1982, 1519.
[129] OLG Karlsruhe VersR 1989, 1277; LG Heilbronn VersR 1982, 784.
[130] OLG Celle SP 2001, 204; OLG Hamm NJW-RR 1994, 793, sehr streitig, vgl. Palandt / *Heinrichs*, § 249 Rn 16 mit Rechtsprechungsübersicht; AG Karlsruhe zfs 2002, 230 (50%).

n) Abzüge für Eigenersparnis

Bei längerer Inanspruchnahme eines Mietwagens muss sich der Geschädigte im Wege des Vorteilsausgleichs ersparte eigene Aufwendungen anrechnen lassen. Diese Aufwendungen werden mit **15% bis 20% der Mietwagenkosten** veranschlagt.[131]

89

aa) Bei **kurzer Mietzeit** und geringer Fahrleistung kann eine solche Ersparnis **entfallen**.[132]

90

Das OLG Stuttgart[133] und das OLG Nürnberg[134] haben unter Hinweis auf einen Aufsatz von *Meinung*[135] die Auffassung vertreten, dass nur Abzüge in Höhe von **3%** oder **3,5%** gerechtfertigt seien. Diese Auffassung hat sich nicht durchgesetzt, zumal die Berechnungsmethoden von *Meinung* angreifbar sind.

Das OLG Düsseldorf,[136] das OLG Dresden[137] und das OLG Hamm[138] halten einen Abzug von **10%** für gerechtfertigt.[139]

Bei **gewerblicher Nutzung** des Mietfahrzeuges ist wegen der stärkeren Abnutzung ein Abzug von **25%** gerechtfertigt.[140]

bb) Der Abzug für Eigenersparnis konnte nach einer Empfehlung des HUK-Verbandes dadurch umgangen werden, dass der Geschädigte ein Fahrzeug einer niedrigeren Wagenklasse in Anspruch nimmt. Diese Empfehlung, an die sich die Haftpflichtversicherer ohnehin nicht zu halten brauchten, besteht nicht mehr.

91

---

131 Vgl. Palandt / *Heinrichs*, § 249 Rn 13 mit Rechtsprechungsübersicht; OLG Nürnberg zfs 1994, 49; OLG Hamm r+s 1996, 355 = SP 1997, 19; OLG Düsseldorf VersR 1996, 988; Thüringer OLG SP 1997, 76; OLG Hamm VersR 2001, 206 (10%); KG NZV 2005, 46; LG Baden-Baden zfs 2003, 16.
132 Palandt / *Heinrichs*, § 249 Rn 13; LG Köln VersR 1974, 1231; LG Aschaffenburg zfs 1994, 167.
133 DAR 1994, 326 = zfs 1994, 206.
134 MDR 2000, 1245 = DAR 2000, 527 = VersR 2001, 208 = zfs 2001, 17 = NJW-RR 2002, 428.
135 DAR 1993, 281.
136 MDR 1996, 1240 = zfs 1997, 53 = SP 1996, 354.
137 SP 1997, 198.
138 MDR 2000, 1246.
139 5% nach OLG Düsseldorf MDR 1998, 280.
140 LG Berlin SP 2000, 312.

Auch der Geschädigte, der sich mit einem Fahrzeug einer niedrigeren Modellgruppe begnügt, muss daher mit einem entsprechenden Abzug rechnen.[141] **Kein Abzug für Eigenersparnis** ist vorzunehmen, wenn die Differenz (hier: zwei Klassen tiefer) den ersparten Eigenkosten für das eigene Fahrzeug entspricht.[142]

92 cc) Viele Haftpflichtversicherer haben mit – meist größeren – Mietwagenunternehmen bilaterale Vereinbarungen getroffen, nach denen vereinbarte Mietwagenpreise dem Geschädigten ungekürzt ersetzt werden.

Es empfiehlt sich daher – wie auch sonst – den Kontakt zum **Sachbearbeiter** zu suchen und sich von diesem das oder die Mietwagenunternehmen nennen zu lassen, mit denen eine solche bilaterale Vereinbarung besteht.

o) Beratungshinweis

93 Grundsätzlich sollte jedem Mandanten empfohlen werden, auf einen Mietwagen zu verzichten und statt dessen – risikolos – **Nutzungsentschädigung** in Anspruch zu nehmen. Wenn jedoch die Inanspruchnahme eines Mietwagens erforderlich ist, so muss der Mandant darauf hingewiesen werden, dass

- er **Preisvergleiche** anstellen und von günstigen Langzeittarifen / **Pauschaltarifen** Gebrauch machen muss,
- er mit einem Abzug für **Eigenersparnis** rechnen muss,
- er bei verzögerter Schadenregulierung mit den Mietwagenkosten in **Vorlage** treten muss,
- die Mietwagenkosten **nicht unverhältnismäßig** höher als die Reparaturkosten sein sollen,
- er mit dem Mietwagen keine unverhältnismäßig weite oder kurze Fahrten (Alternative: **Taxi**) zurücklegen sollte.

---

141 OLG Saarbrücken zfs 1994, 289.
142 OLG Hamm r + s 1999, 194 = MDR 1999, 738 = VersR 1999, 769 = DAR 1999, 261 = NJW-RR 1999, 1119.

p) Rechtsprechungsübersicht

aa) Rechtsprechung zugunsten des Geschädigten

- Ein Geschädigter darf auch bei geringer Kilometerleistung (8 km pro Tag) einen Mietwagen in Anspruch nehmen, da er grundsätzlich **keine Schlechterstellung** durch ein Schadenereignis hinnehmen muss;[143] dies gilt auch dann, wenn ein **Taxi** nur **weit entfernt** vom Wohnort verfügbar ist.[144]
- Bei einem täglichen Mindestbedarf von **20 km** liegt **kein** Verstoß gegen die Schadenminderungspflicht vor.[145]
- Es kommt nicht auf das Verhältnis zwischen Mietwagenkosten und Fahrzeugschaden an. Geschieht der Unfall bei Beginn einer Urlaubsreise, so sind auch Mietwagenkosten erstattungsfähig, die mehr als das **Doppelte** des Fahrzeugschadens ausmachen.[146]
- Der Geschädigte ist bei einer Reparatur, die sich über ein Wochenende erstreckt, nicht verpflichtet, das **teilreparierte** Fahrzeug samstags/sonntags zu benutzen, um die Mietwagenkosten gering zu halten.[147]
- Der Geschädigte darf **sofort** einen Mietwagen in Anspruch nehmen und ist bei einem höherwertigen Fahrzeug nicht verpflichtet, das beschädigte (fahrtüchtige) Fahrzeug zu fahren, bis eine kurzfristige Reparatur – ohne Wochenende – möglich ist.[148]
- Kann der Geschädigte Reparaturkosten wegen **Mittellosigkeit** nicht vorlegen oder finanzieren, darf er auch nach Reparatur des Fahrzeuges einen Mietwagen benutzen, wenn der Reparateur vom Unternehmerpfandrecht Gebrauch macht; der Schädiger muss notfalls durch eine Vorschusszahlung die Ausweitung des Schadens verhindern.[149]

---

[143] LG Duisburg zfs 1990, 304; LG Aschaffenburg zfs 1994, 167. A.A.: OLG München zfs 1993, 120 (bei 20 km täglich).
[144] LG Deggendorf zfs 1995, 454.
[145] LG Gera SP 2000, 314; LG Baden-Baden zfs 2003, 16. A.A.: AG Berlin SP 2003, 383.
[146] BGH VersR 1985, 1090, 1091.
[147] OLG Stuttgart r+s 1988, 332.
[148] OLG Düsseldorf zfs 1992, 375.
[149] LG Frankfurt NJW-RR 1992, 1183.

§ 6 Die einzelnen Schadenpositionen

- Der Geschädigte ist grundsätzlich **nicht** verpflichtet, **Vergleichsangebote** einzuholen oder sich nach günstigeren Pauschalangeboten zu erkundigen[150]
- Bei Ausfall eines repräsentativen **Geschäftswagens** kann es auch bei geringer Fahrleistung (400 km in neun Tagen) unzumutbar sein, ein Taxi zu benutzen.[151]
- Bei Anmietung eines **klassenniedrigeren Mietwagens** ist kein Abzug für Eigenersparnis vorzunehmen, wenn dieser Betrag unter den Mehrkosten für ein klassengleiches Fahrzeug liegt.[152]
- Der Eigentümer eines beschädigten Pkw kann trotz nicht beabsichtigter eigener Nutzung Mietwagenkosten verlangen, wenn das Fahrzeug zur Nutzung von **Familienangehörigen** oder anderen Personen angeschafft worden ist, die das Fahrzeug während der Reparatur tatsächlich benutzt hätten.[153]

bb) Rechtsprechung zugunsten des Schädigers

95
- Besteht **kein Versicherungsschutz** für das beschädigte Fahrzeug (z.B. wegen Prämienverzuges), müssen Mietwagenkosten nicht ersetzt werden.[154]
- Der Geschädigte muss anstelle des Unfallersatztarifes den günstigeren **Pauschaltarif** wählen.[155]
- Der Geschädigte handelt schuldhaft, wenn er einen **Unfallersatztarif** in Kauf nimmt, da es weithin bekannt ist, dass Mietwagenunternehmen in großen Anzeigen für ihre günstigen Pauschaltarife werben.[156]

---

150 BGH VersR 1996, 902 = DAR 1996, 314 = r+s 1996, 266 = SP 1996, 244; OLG Stuttgart zfs 1994, 206; OLG Saarbrücken zfs 1994, 289; OLG Nürnberg r+s 1994, 456; OLG Frankfurt NJW-RR 1995, 664 = VersR 1996, 211 = MDR 1995, 150; OLG Düsseldorf MDR 1998, 280; OLG Düsseldorf zfs 2000, 439.
151 LG Aachen r+s 1994, 458.
152 LG Aachen r+s 1994, 458; OLG Frankfurt NJW-RR 1996, 984; OLG Hamm r + s 1999, 194; LG Baden-Baden zfs 2003, 16.
153 OLG Frankfurt DAR 1995, 23.
154 OLG Hamm zfs 1996, 375.
155 BGH NJW 1985, 2639; OLG Karlsruhe VersR 1989, 968; OLG Bamberg zfs 1990, 227; OLG Düsseldorf zfs 1991, 375; OLG Frankfurt r+s 1992, 341; OLG Karlsruhe r+s 1992, 341; OLG Hamm r+s 1994, 177= VersR 1994, 1441; OLG Hamm r+s 1996, 335 = SP 1997, 19; OLG Köln VersR 1996, 121; LG Darmstadt zfs 1995, 332; LG Meiningen VersR 1995, 1067; LG Dessau SP 1995, 402.
156 OLG Bamberg zfs 1990, 190 m.w.N.; OLG Nürnberg zfs 1990, 227; LG Bonn SP 2004, 414.

- Der Geschädigte muss sich **unverzüglich** über das Ergebnis der Begutachtung seines Fahrzeuges Gewissheit verschaffen und darf mit der Erteilung des Reparaturauftrages nicht bis zum Eingang des schriftlichen Sachverständigengutachtens warten.[157]
- Bei voraussichtlich langer Mietwagendauer (vier Monate Lieferfrist des Ersatzfahrzeuges) ist der Geschädigte verpflichtet, sich ein **Interims-Fahrzeug** anzuschaffen.[158]
- Bei erkennbar längerer Reparaturdauer muss der Geschädigte sein Fahrzeug durch eine Zwischenreparatur / **Notreparatur** in einen betriebs- und verkehrssicheren Zustand versetzen und die endgültige Reparatur später vornehmen lassen.[159]
- Bei einem 15 Jahre alten Fahrzeug muss der Geschädigte sich mit einem Mietwagen begnügen, der um einige Preisklassen **billiger** ist;[160] dies gilt nicht bei einem neun Jahre alten Fahrzeug.[161]
- Verzögert sich die Reparatur durch Betriebsferien in der Lackiererei, muss der Geschädigte sein Fahrzeug in einer **anderen Lackiererei** fertig stellen lassen.[162]
- Bei **Firmenfahrzeugen** werden Mietwagenkosten für Wochenenden und Feiertage nicht erstattet.[163]
- Die Anmietung eines Mietfahrzeuges für dreizehn Tage bei einer Gesamtfahrleistung von **112 km** und einem Kostenaufwand von **2.430 DM** ist ein Verstoß gegen die Schadenminderungspflicht.[164]
- Ist das Unfallfahrzeug fahrfähig und verkehrssicher, muss der Geschädigte noch vor Erteilung des Reparaturauftrages einen **zügigen Reparaturtermin** vereinbaren.[165]

---

157 OLG Düsseldorf r+s 1990, 376.
158 OLG Hamm zfs 1991, 234.
159 OLG Karlsruhe zfs 1990, 410; OLG Köln zfs 1991, 15 = NZV 1990, 429; LG Berlin SP 1996, 83.
160 OLG Stuttgart r+s 1988, 332; LG Stuttgart zfs 1993, 11.
161 OLG Hamm MDR 2000, 639.
162 LG Frankenthal r+s 1991, 267.
163 LG Frankenthal r+s 1991, 267.
164 OLG Frankfurt zfs 1992, 10.
165 LG Magdeburg SP 1998, 321.

§ 6 Die einzelnen Schadenpositionen

- Bei einem Fahrbedürfnis von **20 km täglich** ist die Inanspruchnahme eines Mietwagens ein Verstoß gegen die Schadenminderungspflicht, da die Benutzung eines **Taxis** erheblich kostengünstiger wäre.[166]
- Der Geschädigte muss bei einer längeren Mietdauer **Vergleichsangebote** einholen und sich nach **Pauschaltarifen** erkundigen.[167]
- Bei einer Mietwagen-Inanspruchnahme von einem Monat ist es einem Geschädigten auch zuzumuten, **Konkurrenzangebote** von Mietwagenunternehmen in **50 km-Entfernung** einzuholen.[168]
- Ein Geschädigter darf nicht „blind" auf das Angebot eines Autovermieters eingehen, er muss zwar keine „Marktforschung" betreiben, er muss aber in jedem Fall **Vergleichsangebote** einholen.[169]
- Kann der Vermieter kein vergleichbares Fahrzeug zur Verfügung stellen, ist es dem Geschädigten zuzumuten, sich für kurze Zeit mit einem **weniger komfortablen Fahrzeugtyp** zu begnügen.[170]
- Das Gebot der Schadenminderungspflicht ist verletzt, wenn der Geschädigte Mietwagenkosten in Kauf nimmt, die den Sachschaden um weit mehr als das **Doppelte** übersteigen.[171]
- Wenn das beschädigte Fahrzeug durch eine **Notreparatur** wieder in zumutbarer Weise fahrbereit gemacht werden kann, entfällt der Anspruch auf Ersatz von Mietwagenkosten.[172]
- Bei Anmietung eines Fahrzeuges von **Privatpersonen** sind 50% des gewerblichen Mietpreises ersatzfähig.[173]
- Bei fiktiver Abrechnung der Reparaturkosten auf der Basis eines Sachverständigengutachtens können nur die Mietwagenkosten für die **kalkulierte**

---

166 OLG München zfs 1993, 120; OLG Hamm zfs 1995, 217 = r+s 1995, 417; LG Darmstadt zfs 1995, 332; AG Kassel zfs 1995, 373; AG Nürnberg SP 1996, 138; AG Dortmund SP 1996, 284; AG Berlin SP 2003, 383.
167 OLG Nürnberg zfs 1991, 195; OLG München zfs 1991, 195; OLG Köln zfs 1991, 15; OLG Hamm zfs 1991, 195 = DAR 1991, 336; OLG Frankfurt zfs 1991, 375; r+s 1992, 341; LG Bielefeld zfs 1992, 373, OLG Hamm r+s 1994, 177; OLG Frankfurt NJW-RR 1996, 984.
168 OLG München zfs 1991, 195; OLG Düsseldorf VersR 1996, 988.
169 OLG Bamberg r+s 1990, 86; OLG Hamm NJW-RR 1994, 923; OLG Celle zfs 1990, 190; OLG Düsseldorf r+s 1991, 375; OLG Köln VersR 1996, 121; OLG Hamm r+s 1996, 24. A.A.: OLG Stuttgart DAR 1994, 326 = zfs 1994, 206 und OLG Saarbrücken zfs 1994, 289; LG Göttingen VersR 1995, 1459.
170 OLG Oldenburg r+s 1991, 305.
171 Berufungskammer LG Köln VersR 1992, 621.
172 OLG Karlsruhe r+s 1993, 60.
173 OLG Hamm zfs 1993, 230; LG Karlsruhe NJW-RR 1989, 732.

Reparaturdauer geltend gemacht werden; dies gilt auch dann, wenn ein kostengünstigerer Weg gewählt wird, der länger dauert.[174]
- Ein Mietwagenunternehmen ist aus positiver Vertragsverletzung **schadenersatzpflichtig**, wenn es nicht auf Pauschaltarife hinweist.[175]

q) Miettaxi

aa) Rechtsberatungsgesetz

In den letzten Jahren beschäftigen sich die Gerichte zunehmend mit der Geschäftstätigkeit von Miettaxi-Unternehmen, die bundesweit bei der Beschädigung einer Taxe für die Ausfallzeit ein Miettaxi anbieten. 96

Oft liegt ein Verstoß gegen das **Rechtsberatungsgesetz** vor, wenn das Miettaxi-Unternehmen sich die Ansprüche des geschädigten Taxiunternehmers abtreten lässt und selbständig einzieht.[176] 97

Die Kosten für ein derartiges Miettaxi liegen je nach Kilometerleistung zwischen 300 EUR und 500 EUR pro Tag.

bb) Verhältnismäßigkeit

Da die Unternehmen, die Miettaxen anbieten, die Miete stunden und oft auf eigenes Kostenrisiko versuchen, diese Kosten außergerichtlich und gerichtlich bei dem Haftpflichtversicherer durchzusetzen, machen viele Taxiunternehmer von dieser für sie risikolosen Inanspruchnahme einer Miettaxe Gebrauch. 98

Der BGH[177] hat sich bereits in einer Entscheidung vom 4.12.1984 mit der Problematik des Miettaxis befasst und ausgeführt, dass die Anmietung dann nicht zulässig sei, wenn sie nur mit unverhältnismäßig hohem Aufwand möglich sei. Die Inanspruchnahme eines Miettaxis sei dann unvertretbar, wenn die 99

---

174 BGH r+s 2003, 522 = DAR 2003, 554 = SP 2003, 410 = NZV 2003, 569.
175 BGH r+s 1996, 266 = DAR 1996, 314 = SP 1996, 244; OLG Karlsruhe DAR 1993, 228; OLG Schleswig r+s 1993, 216; OLG Hamm r+s 1996, 355 = SP 1997, 19; AG Kempten DAR 1993, 231; OLG Nürnberg VersR 1994, 235; LG Gießen r+s 1994, 175 = zfs 1994, 287; LG Ravensburg NJW-RR 1994, 746; LG Aschaffenburg zfs 1994, 167; LG Hildesheim SP 1995, 405; LG München NZV 2003, 240; LG Duisburg SP 2004, 162; AG Kassel zfs 1995, 373; AG Frankfurt zfs 1999, 194.
176 OLG Schleswig zfs 1993, 266 = r+s 1993, 216; LG Coburg zfs 1993, 192.
177 VersR 1985, 283 = NJW 1985, 793.

Kosten dieses Mietwagens für einen wirtschaftlich denkenden Unternehmer geradezu unvertretbar hoch sind.

100 In dieser Entscheidung heißt es weiter, dass die Anmietung eines Ersatztaxis nur dann vertretbar ist, wenn der **Geschädigte** konkret **darlegt** und **beweist**, dass die anderen ihm zur Verfügung stehenden Fahrzeuge den kurzfristigen Ausfall der beschädigten Taxe **nicht ausgleichen** konnten. Insoweit ist nach Auffassung des BGH der Geschädigte darlegungs- und beweispflichtig.[178]

101 Wenn die Mietwagenkosten den hypothetisch entgangenen Gewinn um mehr als 100% überschreiten, sind diese Kosten in der Regel nicht zu ersetzen;[179] bei einem besonders **krassen Missverhältnis** ist von der Nichtigkeit des Vertrages wegen Verstoßes gegen § 138 BGB auszugehen.[180]

102 Wenn der geschädigte Taxiunternehmer nur über **ein einziges Taxi** verfügt, so muss ihm auch in Anlehnung an die vorgenannte Rechtsprechung gestattet werden, für die Ausfallzeit ein Ersatztaxi anzumieten.

103 Unterhält aber der Geschädigte insgesamt zehn Taxen, dann ist es ihm in der Regel zuzumuten, den Ausfall eines Fahrzeuges durch Rückgriff auf seine **Restkapazität** auszugleichen.[181]

Verfügt der Geschädigte nur über **zwei Taxen**, sind tägliche Taxi-Mietkosten von 485 DM gegenüber einem zu erwartenden Nettoverdienst-Ausfall von 203 DM nicht unverhältnismäßig hoch.[182]

Auch bei Inspruchnahme einer Miettaxe für nur sieben Tage darf der geschädigte Taxiunternehmer nicht das erstbeste Angebot annehmen, er muss vielmehr **Vergleichsangebote** einholen und sich vergewissern, dass er keine Preise akzeptiert, die aus dem Rahmen fallen.[183]

---

178 Ebenso OLG Köln SP 1996, 415; OLG Hamm SP 1997, 76.
179 LG Stuttgart r+s 1991, 197 = VersR 1992, 711; LG Coburg zfs 1993, 192; LG Bonn NJW-RR 1999, 464; LG Nürnberg-Fürth NJW-RR 1999, 464.
180 LG Bonn NJW-RR 1999, 464.
181 BGH NJW 1985, 793, 794; OLG Hamm r+s 1995, 18; OLG Köln SP 1996, 415.
182 OLG Karlsruhe r+s 1988, 364.
183 OLG Karlsruhe DAR 1991, 107.

Beratungshinweis
Einem geschädigten Taxiunternehmer sollte daher empfohlen werden,
- nach Möglichkeit auf die **Restkapazitäten** seines Fuhrparks zurückzugreifen,
- bei Inanspruchnahme eines Mietaxis **Preisvergleiche** vorzunehmen und von Pauschaltarifen Gebrauch zu machen,
- die Dauer der Inanspruchnahme des Miettaxis auf ein **Minimum** zu beschränken,
- das Miettaxi **nicht unverhältnismäßig** stärker einzusetzen als die übrigen Taxen,
- zu bedenken, dass auch bei einem Miettaxi **Abzüge für Eigenersparnisse** gemacht werden.

104

cc) Rechtsprechungsübersicht

Rechtsprechung zugunsten des Geschädigten

105

- Ein Taxiunternehmer mit nur **zwei Taxen** kann in der Regel ein Miettaxi für die Ausfallzeit in Anspruch nehmen.[184]
- Bei Beschädigung einer Taxe sind auch die Kosten für ein Miettaxi in Höhe von **15.600 DM** nicht unverhältnismäßig hoch gegenüber einem zu befürchtenden Nettogewinn-Verlust von ca. **5.400 DM**.[185]
- Bei einem Miettaxi sind für die Frage der Verhältnismäßigkeit dessen Kosten den **entgangenen Einnahmen**, nicht dem entgangenen Gewinn gegenüberzustellen.[186]
- Im Normalfall sind die **marktüblichen Kosten** eines Miettaxis zu ersetzen, auch wenn diese den voraussichtlichen Verdienstausfall um 200% übersteigen.[187]

Rechtsprechung zugunsten des Schädigers

106

- Bei einem **größeren Taxibetrieb** (neun Taxen und zwölf Mietwagen) muss der Geschädigte nachweisen, dass alle anderen Fahrzeuge ausgelastet waren.[188]

---

184 OLG Stuttgart r+s 1988, 364; LG Nürnberg-Fürth DAR 1991, 186 = zfs 1991, 235.
185 OLG Nürnberg NJW-RR 1990, 984 = zfs 1990, 372.
186 OLG Köln zfs 1993, 82.
187 BGH VersR 1994, 64 = r+s 1994, 137 = zfs 1994, 12.
188 OLG Hamm r+s 1995, 18; OLG Köln SP 1996, 415.

- Bei insgesamt **zehn Taxen** ist es dem Geschädigten in der Regel zuzumuten, den Ausfall eines Fahrzeuges durch Rückgriff auf seine Restkapazität auszugleichen.[189]
- Wenn **elf weitere Taxen** vorhanden sind und der zu erwartende Gewinnausfall 2.240 DM beträgt, sind Miettaxikosten von 9.100 DM unverhältnismäßig hoch und daher nicht zu ersetzen.[190]

3. Nutzungsausfallentschädigung

a) Nutzungswert

107 Ein Geschädigter, der während des unfallbedingten Ausfalls auf die Inanspruchnahme eines Mietwagens verzichtet, kann wegen der entgangenen Gebrauchsvorteile Geldentschädigung verlangen.[191]

Die Nutzungsentschädigung liegt bei 35% bis 40% der üblichen Miete und 200% bis 400% der Vorhaltekosten.[192]

108 Nutzungsentschädigung kann auch bei Ausfall eines **Motorrades**[193] oder eines **Wohnmobils**[194] verlangt werden. An den Nachweis des Nutzungswillens für ein Motorrad während des Reparaturzeitraums sind jedoch strenge Anforderungen zu stellen.[195] Bei unfallbedingtem Ausfall eines **Fahrrades** kommt ein Tagessatz von 5 EUR[196] bzw. 10 EUR[197] in Betracht.

109 Der Kommerzialisierungsgedanke rechtfertigt es, in der ständigen Gebrauchsmöglichkeit eines Kraftfahrzeuges einen geldwerten Vermögensbestandteil zu sehen, durch dessen Wegfall ein ersatzpflichtiger Schaden entsteht.[198]

---

189 BGH NJW 1985, 793, 794; OLG Hamm r+s 1995, 18.
190 OLG München r+s 1993, 140.
191 Vgl. *Bär*, DAR 2001, 57; *Hillmann*, zfs 2001, 341.
192 BGH NZV 2005, 82 = SP 2005, 91.
193 OLG Saarbrücken NZV 1990, 312.
194 OLG Celle SP 2004, 128; LG Fulda SP 2002, 22.
195 OLG Saarbrücken a.a.O.; AG Dortmund a.a.O.
196 AG Lörrach DAR 1994, 501.
197 AG Paderborn zfs 1999, 195.
198 Vgl. Palandt / *Heinrichs*, vor § 249 Rn 20 ff. mit umfassender Rechtsprechungsübersicht.

Die einzelnen Schadenpositionen § 6

Nutzungsentschädigung kann nur dann verlangt werden, wenn auch der **Nachweis** erbracht wird, dass das Fahrzeug repariert worden ist, da sonst eine unzulässige Vermischung von konkreter und abstrakter Schadenberechnung vorgenommen würde.[199]   110

Seit mehr als zwei Jahrzehnten wird dieser Gebrauchsvorteil nach Tabellen von *Sanden/Danner/Küppersbusch* ermittelt. Zur Zeit liegen die Tabellensätze bei Pkw zwischen 27 EUR und 99 EUR, bei Motorrädern zwischen 10 EUR und 66 EUR.[200]   111

b) Ausfall gewerblich genutzter Fahrzeuge

Die vorgenannten Tabellen sind **nicht** anwendbar auf **gewerblich genutzte Fahrzeuge**[201] und **Behördenfahrzeuge**.[202]   112

Beim Ausfall eines gewerblich genutzten Fahrzeuges bemisst sich der Schaden in der Regel nach dem entgangenen Gewinn (§ 252 BGB), den **Vorhaltekosten** eines Reservefahrzeuges oder der **Miete** eines Ersatzfahrzeuges.[203]   113

Die entgangene erwerbswirtschaftliche Nutzung kann nicht durch eine abstrakte Nutzungsentschädigung ermittelt werden, der Geschädigte muss darlegen und beweisen, welchen **Gewinn** er nach dem gewöhnlichen Verlauf der Dinge mit Wahrscheinlichkeit erzielt hätte.[204] Hierzu reicht es nicht aus, auf die mit dem geschädigten Fahrzeug getätigten Umsätze in den vergangenen Monaten zu verweisen; es muss spezifiziert vorgetragen werden, welche Umsätze gerade im **Ausfallzeitraum** mit dem konkreten Fahrzeug erzielt worden wären und welche im einzelnen darzulegenden Kosten diesen Umsätzen gegenüberstanden.[205]   114

---

199 OLG Zweibrücken SP 2001, 204; AG Berlin-Mitte SP 1999, 168; AG Weimar SP 2000, 167; AG Erkelenz SP 2000, 167.
200 DAR 2005, 1 ff. = NJW 2005, 35.
201 OLG Hamm r+s 1999, 458; OLG Düsseldorf SP 2000, 93; OLG Hamm SP 2000, 237 = NJW-RR 2001, 165.
202 OLG Hamm NZV 2004, 472 = NJW-RR 2004, 1095.
203 OLG Köln VersR 1997, 506; OLG Hamm SP 2000, 237 = MDR 2000, 1246 = NJW-RR 2001, 165; Palandt/*Heinrichs*, § 249 Rn 17 m.w.N.
204 OLG Köln VersR 1997, 506; OLG Hamm SP 2000, 237.
205 OLG Köln a.a.O.; OLG Brandenburg OLGR 1996, 105.

§ 6   Die einzelnen Schadenpositionen

115   Auch ein Taxiunternehmer muss konkret die Unterlagen über die Gewinnermittlung vorlegen, ein Pauschalbetrag von 40 EUR kann nicht ohne weiteres geltend gemacht werden.[206]

116   Die Nutzungsentschädigung kann aber abstrakt nach der Tabelle *Sanden/ Danner/Küppersbusch* ermittelt werden, wenn der **Geschäftsführer** einer Gesellschaft ein für gewerbliche Zwecke angeschafftes Fahrzeug auch **privat** nutzt.[207]

117   Auch für ein **Wohnmobil** kann Nutzungsentschädigung verlangt werden;[208] dies gilt aber nur, wenn es statt eines Pkw genutzt wird.[209]

c) Schadenminderungspflicht

118   Für die Schadenminderungspflicht bei der Geltendmachung von Nutzungsentschädigung gelten die gleichen Grundsätze wie für die Mietwagenkosten: Der Geschädigte muss,
- für eine **zügige** Reparatur sorgen,
- gegebenenfalls eine **Notreparatur** oder ein Interimsfahrzeug in Anspruch nehmen,
- seine **Vollkaskoversicherung** in Anspruch nehmen, um eine lange Ausfallzeit zu verhindern.[210]

119   Wenn der Geschädigte über die gewöhnliche Reparatur- oder Wiederbeschaffungsdauer hinaus Nutzungsentschädigung verlangt, muss er nachweisen, dass er die erforderlichen Mittel weder als Kredit noch aus seiner Vollkaskoversicherung beschaffen konnte.[211]

---

206   OLG Köln SP 2004, 128.
207   OLG Düsseldorf zfs 2001, 545.
208   OLG Düsseldorf VersR 2001, 208 = zfs 2001, 66 = SP 2001, 168; OLG Celle SP 2004, 128; LG Fulda SP 2002, 22.
209   OLG Celle NZV 2004, 471.
210   OLG Naumburg SP 2004, 235.
211   OLG Naumburg DAR 2005, 158.

d) Nutzungsmöglichkeit

Der Anspruch auf Zahlung von Nutzungsentschädigung setzt weiterhin voraus, dass der Geschädigte auch den Nutzungswillen und die Nutzungsmöglichkeit hatte; dies ist beispielsweise dann nicht der Fall, wenn der Geschädigte sich auf einer **Flugreise** befindet oder so **erkrankt** ist, dass er ein Fahrzeug gar nicht führen kann.[212] 120

Nutzungsentschädigung ist jedoch gleichwohl zu erstatten, wenn der Geschädigte nachweist, dass sein Fahrzeug von einem **Verwandten** oder einem anderen Dritten regelmäßig mitbenutzt wird;[213] dies gilt nicht, wenn der nahe Verwandte über ein eigenes Fahrzeug verfügt.[214] 121

Neben der Nutzungsmöglichkeit muss auch ein **Nutzungswille** vorhanden sein. Dieser Nutzungswille ist nicht nachgewiesen, wenn gar kein Ersatzfahrzeug[215] oder erst zehn Wochen nach dem Unfallereignis angeschafft wird.[216] 122

e) Selbstreparatur

Ob bei Selbstreparatur Nutzungsentschädigung zu zahlen ist, ist in der Rechtsprechung weiterhin **sehr streitig**.[217] 123

Überwiegend wird bei Selbstreparatur der Anspruch auf Nutzungsentschädigung **verneint**.[218]

Das AG Duisburg[219] und das AG Celle[220] verlangen, dass der Geschädigte im Einzelnen darlegen muss, in welchem Zeitraum und durch wen das Fahrzeug repariert wurde und dass er während dieser Zeit den Willen hatte, das Fahrzeug zu nutzen. Die Reparaturarbeiten können auch durchgeführt worden sein 124

---

212 OLG München VersR 1991, 324; OLG Stuttgart SP 1996, 350; LG Saarbrücken SP 1996, 319.
213 OLG Frankfurt DAR 1995, 23; OLG Koblenz NZV 2004, 258 = NJW-RR 2004, 747.
214 OLG Köln SP 2001, 239.
215 OLG Hamm zfs 2002, 132. A.A.: KG DAR 2004, 352.
216 OLG Köln SP 2004, 235 = DAR 2005, 32; LG Bad Kreuznach SP 2000, 277.
217 Vgl. Übersicht in zfs 1983, 139 ff.; LG Darmstadt r+s 1992, 125; AG Köln SP 1995, 413; AG Wiesbaden r+s 1992, 92; AG Arnsberg SP 1996, 247.
218 LG Darmstadt r+s 1992, 125; AG Mainz zfs 1995, 56; AG Langen zfs 1995, 176; AG Köln zfs 1986, 361; AG Düsseldorf zfs 1992, 337, so auch AG Wiesbaden r+s 1992, 92. A.A.: LG Frankfurt / Oder DAR 2004, 453.
219 SP 1998, 321.
220 SP 1996, 319.

zu Zeiten, in denen der Geschädigte das Fahrzeug gar nicht benötigte (Wochenende, Feierabend).

In derartigen Fällen kann der Geschädigte allerdings darauf hinweisen, dass sein Fahrzeug von einem **Angehörigen** hätte genutzt werden können.[221]

f) Ausfall älterer Fahrzeuge

Mietwagen sind in der Regel neuwertig, so dass ihr Nutzungswert oft höher ist als der eines älteren unzuverlässigeren Fahrzeuges, selbst wenn dieses einige Klassen höher einzustufen ist.

Bei älteren Fahrzeugen ist daher nicht die volle Nutzungspauschale zu erstatten, die sich an neuwertigen Fahrzeugen orientiert, sondern ein **Mittelwert** zwischen den Vorhaltekosten und dieser vollen Pauschale;[222] bei einem **neun Jahre** alten Fahrzeug ist die **volle** Nutzungspauschale zu ersetzen.[223]

In der Regel ist dann die Nutzungspauschale aus der nächst **niedrigeren Gruppe** zu entnehmen.[224]

125 Wenn die Gebrauchsfähigkeit des beschädigten Fahrzeuges bereits erheblich gemindert war, kann der Geschädigte nur 50% der vollen Nutzungspauschale geltend machen.[225]

g) Beratungshinweis

126 Der Geschädigte muss darauf hingewiesen werden, dass
- bei **Selbstreparatur** Nutzungsentschädigung in der Regel nicht durchgesetzt werden kann,
- Nutzungsentschädigung nur bei **tatsächlicher** Nutzungsmöglichkeit und Nutzungswillen durchgesetzt werden kann,
- die Dauer des Nutzungsausfalls in der Regel nicht **zwei bis drei Wochen** überschreiten darf,

---

221 OLG Frankfurt DAR 1995, 23; OLG Hamm VersR 1997, 506.
222 BGH DAR 1988, 93; OLG Düsseldorf zfs 1991, 15.
223 OLG Hamm SP 2000, 167.
224 OLG Frankfurt VersR 1985, 248; OLG Hamm DAR 1996, 400 = VersR 1997, 506.
225 LG München SP 1996, 82.

Die einzelnen Schadenpositionen § 6

- gegebenenfalls eine **Notreparatur** durchgeführt werden muss, um den Nutzungsausfall gering zu halten,
- der **Reparaturtermin** abgesprochen und auf eine zügige Durchführung der Reparatur gedrängt werden muss.

h) Rechtsprechungsübersicht

aa) Rechtsprechung zugunsten des Geschädigten

- Nutzungsausfall gemäß Sachverständigengutachten kann auch bei Reparatur in **Eigenregie** geltend gemacht werden.[226]

127

- Das bloße **Alter** des beschädigten Fahrzeuges rechtfertigt keine Reduzierung des Nutzungsausfalls, da das Alter grundsätzlich keinen Einfluss auf den Gebrauchsvorteil hat. Etwas anderes gilt nur dann, wenn sich das beschädigte Fahrzeug in einem besonders schlechten Zustand befunden hat.[227]
- Nutzungsentschädigung ist auch bei fehlender Nutzungsmöglichkeit des Geschädigten dann zu ersetzen, wenn dieser nachweist, dass sein Fahrzeug von einem **Verwandten** oder einem anderen Dritten mitbenutzt wird.[228]
- Nutzungsausfall kann auch dann verlangt werden, wenn bei Totalschaden **kein Ersatzfahrzeug** erworben wird[229] oder sechs Monate später.[230]
- Auch für eine länger dauernde Ersatzteilbeschaffung bei einem ausländischen Fahrzeug kann der Geschädigte für **75 Tage** Nutzungsentschädigung beanspruchen.[231]

bb) Rechtsprechung zugunsten des Schädigers

- Wenn der Erhaltungszustand eines Fahrzeuges mit demjenigen eines neueren Fahrzeuges gleichen Typs nicht mehr vergleichbar ist, kann der Entschädigungsanspruch auf einen in etwa den **Vorhaltekosten** entsprechenden Betrag beschränkt werden.[232]

128

---

226 LG Frankfurt/Oder DAR 2004, 453.
227 OLG Karlsruhe DAR 1989, 67; OLG Naumburg zfs 1995, 254.
228 OLG Frankfurt DAR 1995, 23; OLG Hamm SP 1996, 400 = VersR 1997, 506.
229 KG NZV 2004, 471; AG Hanau zfs 1995, 415.
230 OLG Oldenburg zfs 1999, 288.
231 OLG Köln DAR 1999, 264 = MDR 1999, 157.
232 BGH DAR 1988, 93; OLG Koblenz NZV 2004, 258; AG Velbert SP 1998, 322.

§ 6 Die einzelnen Schadenpositionen

- Bei einem älteren Fahrzeug, dessen Erhaltungszustand nicht mit demjenigen eines neueren Fahrzeuges vergleichbar ist, ist eine Herabstufung um **zwei Gruppen** in der Tabelle *Sanden/Danner/Küppersbusch* angebracht.[233]
- Bei **fehlender Nutzungsmöglichkeit** des verletzten Anspruchstellers und eigenem Pkw des Ehegatten entfällt ein Nutzungsausfallanspruch.[234]
- Bei einem zehn Jahre alten Pkw entspricht der Nutzungswert den **doppelten Vorhaltekosten**.[235]
- Ist das Unfallfahrzeug fahrfähig und verkehrssicher, reicht die Vorlage eines **Fotos** des reparierten Fahrzeuges nicht aus, da die Selbstreparatur dann möglicherweise zu Zeiten erfolgt ist, in denen der Fahrer den Pkw nicht benötigt hat.[236]
- Besteht für das beschädigte Fahrzeug kein **Versicherungsschutz** (z.B. wegen Prämienverzuges), hat der Geschädigte keinen Anspruch auf Nutzungsentschädigung.[237]
- Bei luxuriösen **Zweitwagen** sind nur die Vorhaltekosten zu ersetzen.[238]
- Ist das beschädigte Kraftfahrzeug älter als fünf Jahre, ergibt sich die Nutzungsentschädigung aus der **nächst niedrigeren** Tabellengruppe.[239]
- Wenn der Geschädigte erst **zwei Monate** nach einem Verkehrsunfall Reparaturauftrag erteilt, spricht eine tatsächliche Vermutung gegen einen Nutzungswillen, so dass der Anspruch auf Nutzungsentschädigung entfällt.[240]
- Der Geschädigte ist im Wege der Schadenminderungspflicht gemäß § 254 BGB gehalten, die Nutzungsentschädigung durch eine **Kreditaufnahme** oder Inanspruchnahme der **Vollkaskoversicherung** gering zu halten.[241]

---

233 BGH NZV 2005, 82 = VersR 2005, 284; BGH VersR 2005, 570.
234 LG Limburg zfs 1986, 361.
235 OLG Düsseldorf zfs 1991, 15 = r+s 1990, 376.
236 AG Arnsberg SP 1996, 247.
237 OLG Hamm zfs 1996, 375 = SP 1997, 74.
238 OLG Koblenz NJW-RR 2004, 747.
239 OLG Hamm DAR 1996, 400 = VersR 1997, 506.
240 OLG Köln DAR 2005, 32.
241 OLG Naumburg NZV 2005, 198.

4. Sachverständigenkosten

a) Ersatzpflichtiger Sachfolgeschaden

Die Sachverständigenkosten gehören zu dem vom Schädiger zu ersetzenden Sachfolgeschaden.[242]

Bei nur anteiliger Haftung werden auch die Sachverständigenkosten nur quotenmäßig ersetzt.[243]

Die Einholung eines Sachverständigengutachtens dient einerseits der **Beweissicherung**, andererseits der Feststellung der **Schadenhöhe**. Wenn zweifelhaft ist, ob die Schadenersatzansprüche mit Erfolg geltend gemacht werden können, kann von der Einholung eines Sachverständigengutachtens abgesehen werden, um dem Mandanten diese Kosten zu ersparen.

b) Auswahl des Sachverständigen

Der vom Geschädigten beauftragte Sachverständige ist – ebenso wie die beauftragte Werkstatt – **Erfüllungsgehilfe des Schädigers**. Gleichwohl hat der Geschädigte auch hier aufgrund seiner eigenen Sachnähe für ein Auswahlverschulden einzustehen. Da der Beruf des Sachverständigen nicht geschützt ist,[244] empfiehlt es sich, einen **öffentlich bestellten und vereidigten Sachverständigen** zu beauftragen, dessen Qualifikation und Zuverlässigkeit in der Regel auch von Versicherern nicht in Zweifel gezogen wird.

Es liegt ein **Auswahlverschulden** vor, wenn der beauftragte Sachverständige weder öffentlich bestellt ist noch anderweitige Fachkunde (Ingenieur für Kfz-Technik) nachweist.[245]

Alternativ genügt es in der Regel auch, zur Feststellung der Schadenhöhe den verbindlichen **Kostenvoranschlag** einer Fachwerkstatt einzuholen und die Unfallschäden fotografisch festzuhalten.

---

242 Palandt / Heinrichs, § 249 Rn 22 m.w.N.; Hentschel, StVG, § 12 Rn 5 m.w.N.; Himmelreich / Klimke / Bücken, Rn 1859 mit umfassender Rechtsprechungsübersicht.
243 BGH NJW 1982, 829; Winnefeld, DAR 1996, 75 ff.
244 BGH SP 1997, 446.
245 LG Paderborn zfs 2003, 75.

§ 6 Die einzelnen Schadenpositionen

134 Der Geschädigte sollte einen Sachverständigen **seines** Vertrauens und **seiner** Wahl beauftragen und nicht den Sachverständigen, den die Werkstatt oder die gegnerische Haftpflichtversicherung empfehlen. Sachverständige nutzen ihren erheblichen Ermessensspielraum zugunsten ihres Auftraggebers.

135 Auch wenn der gegnerische Haftpflichtversicherer ein Sachverständigengutachten eingeholt hat, darf der Geschädigte noch einen Gutachter seines Vertrauens beauftragen, dessen Kosten auch der Haftpflichtversicherer zu ersetzen hat.[246]

c) Bagatellgrenze

136 Es kann einen Verstoß gegen die Schadenminderungspflicht darstellen, wenn der Geschädigte bei einem Bagatellschaden ein Sachverständigengutachten in Auftrag gibt, dessen Kosten in einem **krassen Missverhältnis** zum Fahrzeugschaden stehen.

137 Die seit 30 Jahren existierende „Bagatellgrenze" ist nicht mehr angemessen und dürfte nunmehr bei **etwa 1.000 EUR** liegen.[247]

Der BGH[248] stellt darauf ab, „ob ein verständig und wirtschaftlich denkender Geschädigter nach seinen Erkenntnissen und Möglichkeiten die Einschaltung eines Sachverständigen für geboten erachten dürfte". Ein Betrag in Höhe von 1.400 DM = **715,81 EUR** liege in dem Bereich, in dem die Bagatellschadengrenze anzusiedeln sei.

138 Die ursprüngliche Wertgrenze von 1.000 DM ist durch die um ein Vielfaches gestiegenen Reparaturkosten überholt. Folgerichtig hat eine Vielzahl von Amtsgerichten die Sachverständigenkosten nicht als erstattungsfähig angesehen, wenn die bisherige Bagatellgrenze von 1.000 DM überschritten war.[249]

---

246 KG VersR 1977, 229; LG Fulda SP 2002, 22, 23; AG Köln zfs 1983, 231.
247 Vgl. *Geier*, zfs 1996, 321, 323 mit Rechtsprechungsübersicht; *Trost*, VersR 1997, 537 ff. mit Rechtsprechungsübersicht.
248 DAR 2005, 148, 150 = VersR 2005, 139.
249 AG Berlin-Mitte VersR 1995, 1322 (1.400 DM); AG Bensheim SP 1996, 29 (1.708 DM); AG Kassel SP 1996, 29 (1.240 DM); AG Hildesheim SP 1996, 295 (2.000 DM); AG Frankfurt SP 1996, 295 (1.500 DM); AG Mainz zfs 2002, 74.

Aber: Die Bagatellgrenze gilt **nicht**, wenn die Werkstatt einen Kostenvoranschlag ablehnt und ein Sachverständiger ein **Kurzgutachten** mit minimalem Aufwand erstellt.[250]

139

d) Kostenvoranschlag

Zum Nachweis des Schadens und der Kosten der Schadenbeseitigung genügt es in der Regel, den verbindlichen Kostenvoranschlag einer Fachwerkstatt einzuholen und die Unfallschäden fotografisch festzuhalten. Von dieser Möglichkeit sollte jedenfalls dann Gebrauch gemacht werden, wenn nur ein **oberflächlicher Blechschaden** vorhanden ist, bei dem verborgene Schäden nicht zu befürchten sind. Die Einholung eines solchen Kostenvoranschlages empfiehlt sich auch dann, wenn die Erfolgsaussichten für die Durchsetzung der Schadenersatzansprüche gering sind.

140

Die für den Kostenvoranschlag zu zahlende „**Schutzgebühr**" wird von den meisten Haftpflichtversicherern nicht ersetzt, weil diese Gebühren von der Werkstatt in der Regel verrechnet werden, wenn dort die Reparatur auch tatsächlich durchgeführt wird.[251]

141

Diese unterschiedliche Behandlung von Sachverständigenkosten und Kosten der Erstellung eines Kostenvoranschlages ist **nicht gerechtfertigt,** da der Geschädigte, der im Wege der Schadenminderungspflicht sich mit einem Kostenvoranschlag begnügt, nicht schlechter gestellt werden darf als derjenige, der ein Gutachten erstellen lässt. In beiden Fällen muss dem Geschädigten die Möglichkeit eröffnet werden, den Schaden fiktiv, also auf der Basis des Gutachtens / Kostenvoranschlages abzurechnen.[252]

142

e) Unbrauchbares Gutachten

Ein Sachverständigengutachten muss geeignet sein, gegenüber Dritten als **neutrale Abrechnungsgrundlage** zu dienen.[253] Wenn ein Gutachten gravie-

143

---

250 AG Dortmund zfs 2002, 178.
251 AG Prüm zfs 1993, 336.
252 AG Aachen DAR 1995, 295; AG Duisburg-Ruhrort SP 1996, 319; AG Düsseldorf zfs 1996, 374; AG Bochum SP 1997, 200; AG Dorsten zfs 1999, 425; AG Bochum SP 2000, 236; AG Dortmund zfs 2002, 178.
253 OLG Hamm r+s 1993, 102.

§ 6 Die einzelnen Schadenspositionen

rende Fehler enthält, ist es für die Schadenregulierung unbrauchbar.[254] Von gravierenden Mängeln ist dann auszugehen, wenn die kalkulierten Reparaturkosten nicht mit dem tatsächlichen Unfallschaden übereinstimmen oder wenn der Sachverständige den Restwert erheblich zu niedrig ansetzt.[255]

144 Wenn ein Sachverständiger ein unbrauchbares Gutachten erstellt hat, hat er **keinen Vergütungsanspruch** und ist zur Rückzahlung der vom Versicherer an ihn direkt bezahlten Kosten seines Gutachtens verpflichtet.[256]

145 Beruht das Gutachten auf **unrichtigen Angaben** des Geschädigten zum Unfallhergang oder zu Vorschäden, besteht zwar ein Vergütungsanspruch des Sachverständigen gegenüber seinem Auftraggeber, der Geschädigte hat jedoch keinen Anspruch auf Ersatz der Gutachterkosten.[257]

146 **Aber:** Grundsätzlich ist der Schädiger verpflichtet, auch die Kosten eines unrichtigen Sachverständigengutachtens zu erstatten. Wenn die Sachverständigenkosten noch nicht bezahlt sind, kann der Geschädigte nicht Zahlung, sondern nur **Freistellung** verlangen.[258]

f) Honorarhöhe

147 Der Sachverständige bestimmt seine Honorarhöhe gemäß §§ 315 ff. BGB i.V.m. § 632 Abs. 2 BGB nach billigem Ermessen. Der Sachverständige muss in der Rechnung die **Grundlagen** für seine Vergütung benennen, damit der Auftraggeber überprüfen kann, ob die Vergütung nach billigem Ermessen festgesetzt worden oder überhöht ist. Insoweit hat der Sachverständige die Darlegungs- und Beweislast dafür, dass eine ordnungsgemäße Leistungsbestimmung erfolgt ist.[259]

148 Die Rechnung des Sachverständigen muss den zeitlichen **Aufwand** erkennen lassen. Pauschale Bezeichnungen „Grundhonorar" oder „Gegenstandswert"

---

254 Vgl. *Steffen*, DAR 1997, 298 ff. mit Rechtsprechungsübersicht.
255 OLG Hamm r+s 1996, 183; LG Stuttgart zfs 1992, 51.
256 OLG Hamm r+s 1996, 183; OLG Hamm SP 1997, 373; LG Stuttgart zfs 1992, 51.
257 OLG Hamm r+s 1993, 102; KG DAR 2004, 352.
258 OLG Hamm SP 1999, 248 = r+s 1999, 279.
259 BGH NJW 1992, 171, 174.

sind nichtssagend und irreführend. Als Berechnungsmethode der Sachverständigengebühren ist nur eine arbeitsbezogene Berechnung zulässig.[260]

g) Vertrag mit Schutzwirkung zugunsten Dritter

Das Sachverständigengutachten soll Berechnungsgrundlage für die Schadenregulierung des Haftpflichtversicherers sein. Der Haftpflichtversicherer ist zwar nicht Auftraggeber des Gutachtens, gleichwohl wirken sich Fehler des Gutachtens zu Lasten des eintrittspflichtigen Haftpflichtversicherers aus. Folgerichtig geht die Rechtsprechung einhellig davon aus, dass es sich bei dem Vertrag zwischen dem Geschädigten und dem Sachverständigen um einen Vertrag mit Schutzwirkung zugunsten Dritter handelt.[261]   149

Wenn daher der Haftpflichtversicherer aufgrund eines fehlerhaften Gutachtens zu überhöhten Zahlungen veranlasst wird, ist der Sachverständige gegenüber dem Haftpflichtversicherer **unmittelbar** zum Schadenersatz verpflichtet.   150

h) Beratungshinweis

Dem Geschädigten soll empfohlen werden,   151
- einen Sachverständigen **seiner Wahl** und seines Vertrauens zu beauftragen,
- nur **öffentlich bestellte und vereidigte Sachverständige** oder solche zu beauftragen, deren Fachkunde und Seriosität allgemein bekannt ist,
- bei Bagatellschäden sich mit einem **Kostenvoranschlag** zu begnügen.

i) Rechtsprechungsübersicht

aa) Rechtsprechung zugunsten des Geschädigten

- Der beauftragte Kfz-Sachverständige muss **nicht öffentlich bestellt und vereidigt** sein, zumal auch die von den Gerichten auszuwählenden Sach-   152

---

260 Vgl. *Trost*, VersR 1997, 537, 542; *Otting*, VersR 1997, 1328 ff. jeweils mit umfassender Rechtsprechungsübersicht.
261 BGH NJW 1984, 355 = VersR 1983, 85; LG Stuttgart zfs 1992, 51; OLG München r+s 1990, 273 = zfs 1990, 296; AG Rheinberg NJW-RR 2001, 168; LG Gießen VersR 2002, 328; LG Koblenz VersR 2003, 1050.

verständigen nicht öffentlich bestellt und vereidigt sein müssen; § 404 Abs. 2 ZPO ist lediglich eine Ordnungsvorschrift.[262]
- Wenn die Reparaturkosten **geringfügig unter 1.000 DM** liegen, sind die Sachverständigenkosten zu ersetzen, insbesondere dann, wenn ein Vorderachsrisiko nicht auszuschließen ist.[263]
- Hat der Geschädigte die Gutachterkosten **bezahlt**, besteht auch bei einem unbrauchbaren Gutachten ein **Ersatzanspruch** gegen den Schädiger, ansonsten nur auf Freistellung von den Gutachterkosten.[264]

bb) Rechtsprechung zugunsten des Schädigers

153
- Ein Geschädigter verstößt gegen seine Schadenminderungspflicht, wenn er bei einem Bagatellschaden **unter 1.000 DM** ein Sachverständigengutachten einholt.[265]
- Unterlässt es der Geschädigte, die **Qualifikation** des Sachverständigen zu überprüfen, braucht der Schädiger die Kosten eines unbrauchbaren Gutachtens nicht zu ersetzen.[266]
- Die Kosten eines **unbrauchbaren** und einseitigen **Parteigutachtens** sind nicht zu ersetzen, insbesondere dann nicht, wenn im Gutachten Schäden aufgeführt sind, die nicht vorhanden oder nicht auf das behauptete Unfallereignis zurückzuführen sind.[267]
- Sachverständigenkosten sind nicht zu ersetzen, wenn der Geschädigte die **Nachbesichtigung** durch einen Sachverständigen der gegnerischen Haftpflichtversicherung **bewusst verhindert**.[268]
- Vorprozessuale Sachverständigenkosten des Haftpflichtversicherers, um den **Verdacht eines fingierten Unfalls** zu klären, können im anschließenden Rechtsstreit erstattungsfähig sein.[269]

---

262 BGH DAR 1997, 400 = SP 1997, 446; LG München zfs 1991, 124.
263 AG Kassel zfs 1990, 204 m.w.N.; AG München zfs 1990, 9; AG Recklinghausen zfs 1991, 234; AG Ulm zfs 1996, 256.
264 OLG Hamm SP 1999, 248.
265 AG Kronach zfs 1991, 195; AG Recklinghausen zfs 1991, 234 m.w.N.; AG Kaiserslautern zfs 1991, 303.
266 AG Eschweiler r+s 1989, 220.
267 OLG Hamm r+s 1993, 102; OLG Hamm SP 1997, 373; KG NZV 2004, 470; AG Essen zfs 1991, 124 m.w.N.; AG Ratingen, zfs 1991, 195.
268 OLG Düsseldorf VersR 1995, 107. A.A.: LG Kleve zfs 1999, 239.
269 OLG Frankfurt VersR 1996, 122; OLG Düsseldorf SP 1996, 63.

- Die Rechnung des Sachverständigen muss ausreichend **nachvollziehbar** sein und den zeitlichen Aufwand erkennen lassen. Pauschale Positionen „für Untersuchung des Kfz, Ausarbeitung und Diktat" sind nichtssagend. Das Gericht kann den zeitlichen Aufwand schätzen und den Rechnungsbetrag **reduzieren**, wenn zwischen dem erforderlichen Zeitaufwand und dem geforderten Rechnungsbetrag ein erkennbares **Missverhältnis** besteht.[270]
- Mangels einer Preistaxe ist das JVEG entsprechend heranzuziehen. **Ein Stundensatz von 120 DM** ist angemessen.[271]
- Sachverständigenkosten sind **nicht** erstattungsfähig bei wirtschaftlicher Verflechtung des Sachverständigen mit der Reparaturwerkstatt, da dann ein objektives Gutachten nicht gewährleistet ist.[272]
- Sachverständigenkosten sind ebenfalls nicht zu ersetzen, wenn der Sachverständige seine **Qualifikation** nicht nachweisen kann.[273]
- Der Sachverständige ist **nicht** verpflichtet, Angebote aus einem den Geschädigten nicht ohne weiteres zugänglichen **Sondermarkt** der Verwertungsbetriebe und Restwertehändler oder von Anbietern der elektronischen Restwertebörsen einzuholen.[274]

5. Abschleppkosten

Die Abschleppkosten für ein unfallbedingt nicht mehr fahrfähiges Fahrzeug sind als adäquater Folgeschaden zu ersetzen. Oft ist streitig, über welche Entfernung Abschleppkosten zu ersetzen sind, zumal Haftpflichtversicherer in der Regel nur bereit sind, die Abschleppkosten zur nächsten Werkstatt zu ersetzen. Andererseits ist der Geschädigte oft daran interessiert, die notwendigen Reparaturarbeiten in der Werkstatt seines Vertrauens, die er üblicherweise in Anspruch nimmt, durchführen zu lassen. 154

Allgemein gültige Regeln lassen sich nicht aufstellen, im Einzelfall ist unter Berücksichtigung der allgemeinen Schadenminderungspflicht zu entscheiden, 155

---

270 LG Köln zfs 1991, 15; AG Brühl SP 1996, 61; AG Bonn SP 1996, 61; AG Aachen SP 1996, 62; AG Hamburg SP 1996, 62; AG Essen SP 2000, 393. A.A.: AG Lingen zfs 1999, 336; AG Halle zfs 199, 337; AG Bochum SP 2000, 393 = DAR 2000, 365.
271 AG Oberhausen SP 1997, 374.
272 AG Köln SP 1999, 215.
273 LG Paderborn zfs 2003, 75; AG Bochum SP 2002, 180.
274 OLG Köln DAR 2004, 703. A.A.: LG Koblenz VersR 2003, 1050.

ob es dem Geschädigten **zumutbar** ist, sein Fahrzeug in einer Fachwerkstatt reparieren zu lassen, die sich in der Nähe der Unfallstelle befindet.[275]

156 Nicht zu ersetzen sind unverhältnismäßig hohe Abschleppkosten jedenfalls dann, wenn der Geschädigte sein Fahrzeug nur deshalb nicht vor Ort reparieren lässt, weil er die Reparaturarbeiten in **eigener Regie** durchführen will.

6. Merkantiler Minderwert

a) Berechnung

157 Der Geschädigte hat Anspruch darauf, dass sein Fahrzeug wieder in einen einwandfreien Zustand versetzt wird. Gelingt das der Werkstatt nicht, ist dieses keine Frage des merkantilen Minderwertes, sondern der **Gewährleistungsansprüche** gegen die Werkstatt.[276]

158 Da auch bei ordnungsgemäß durchgeführter Reparatur die Unfalleigenschaft einem potentiellen Käufer mitgeteilt werden muss, erhält der Geschädigte eine Wertminderung dafür, dass **versteckte Mängel** befürchtet werden, die bei der Durchführung der Reparatur nicht bemerkt und daher nicht beseitigt worden sind. Die Höhe dieser Wertminderung wird meist bereits vom Sachverständigen im Gutachten ermittelt. Hierzu gibt es eine Vielzahl von Berechnungsmethoden.[277]

159 Eine allgemein anerkannte Berechnungsmethode für die Ermittlung des merkantilen Minderwertes hat sich noch nicht durchgesetzt.[278] Die Rechtsprechung greift allerdings überwiegend auf die Tabelle von *Ruhkopf/Sahm* zurück.[279] Nach dieser Tabelle wird der merkantile Minderwert je nach Alter und Schadenhöhe mit einem bestimmten Prozentsatz aus der Summe von Zeitwert und Reparaturkosten ermittelt.

---

275 Vgl. *Hentschel*, § 12 Rn 28 m.w.N.; AG Wiesbaden zfs 1994, 87; AG Hamburg SP 1995, 402.
276 *Gerlach*, DAR 2003, 49 mit umfassender Rechtsprechungsübersicht.
277 Vgl. Palandt/*Heinrichs*, § 251 Rn 19 ff.; *Hentschel*, StVG, § 12 Rn 26 m.w.N.; *Hörl*, zfs 1999, 46 mit Rechtsprechungsübersicht; *Splitter*, DAR 2000, 49 ff.
278 KG zfs 1995, 333 = SP 1995, 408.
279 Vgl. BGH NJW 1980, 282; OLG Köln zfs 1984, 101; OLG Hamm zfs 1986, 324.

Die Besonderheiten des **jeweiligen Marktes** sind neben den tabellarischen Berechnungsmethoden zu berücksichtigen, so dass in der Regel auf die Berechnung durch einen **Sachverständigen** nicht verzichtet werden kann.[280]

160

b) Ältere Fahrzeuge

Bei Kraftfahrzeugen, die älter als **fünf Jahre** sind und mehr als 100.000 km Fahrleistung haben, wird eine eventuelle Wertminderung durch die Unfalleigenschaft dadurch ausgeglichen, dass durch den Einbau von neuen Ersatzteilen und Lackierarbeiten eine **Wertverbesserung** eintritt. Bei derartigen Fahrzeugen tritt daher in der Regel eine Wertminderung nicht ein.[281]

161

c) Bagatellschäden/Vorschäden

Bei „reinen" **Blechschäden**, bei denen nicht in das Gefüge des Fahrzeuges eingegriffen worden ist, ist eine Wertminderung ebenso wenig zu zahlen wie bei erheblichen **Vorschäden**, durch die das Fahrzeug bereits die „Unfallfreiheit" verloren hat.[282]

162

d) Rechtsprechungsübersicht

aa) Rechtsprechung zugunsten des Geschädigten

- Auch **ältere Fahrzeuge** erleiden durch Unfallschäden einen merkantilen Minderwert.[283] Bei einem sechs Jahre alten Fahrzeug, das 136.000 km zurückgelegt hat kann der merkantile Minderwert mit 10% bis 15% der Reparaturkosten ermittelt werden.[284]
- Die Methode *Ruhkopf / Sahm* stellt eine zulässige Methode zur Feststellung des merkantilen Minderwertes dar.[285]

163

---

280 LG Braunschweig r+s 1999, 508.
281 Palandt / *Heinrichs*, § 251 Rn 20 ff.; KG NZV 2005, 46; LG Berlin SP 1996, 83. A.A.: LG Oldenburg NZV 1990, 76; AG Braunschweig r+s 1999, 508.
282 Palandt / *Heinrichs*, a.a.O.
283 BGH NZV 2005, 82 = VersR 2005, 284 = SP 2005, 91 = zfs 2005, 126; LG Würzburg SP 1999, 93.
284 OLG Düsseldorf DAR 1988, 159.
285 LG Hagen zfs 1984, 326; LG Essen SP 1996, 247.

§ 6 Die einzelnen Schadenpositionen

bb) Rechtsprechung zugunsten des Schädigers

164
- Bei einem **fünf Jahre alten Pkw** bzw. einer Laufleistung von mehr als 100.000 km ist ein merkantiler Minderwert abzulehnen.[286]
- Bei einem Neufahrzeug fällt bei einem **Bagatellschaden** (Reparaturkosten von 724,67 DM) kein merkantiler Minderwert an.[287]

7. Kreditkosten

a) Erforderlichkeit

165 Besonders bei den Finanzierungskosten gilt der Grundsatz, dass nur die Kosten ersetzt werden, die der Geschädigte bei einem Eigenschaden auf sich genommen hätte.[288]

166 Der Geschädigte trägt die Beweislast dafür, dass die von ihm veranlasste Kreditaufnahme in der angegebenen Höhe tatsächlich erfolgt ist und dass die Aufwendungen hierfür **objektiv erforderlich** und wirtschaftlich vernünftig waren.[289]

Die Kosten der Kreditaufnahme sind in der Regel **keine** erforderlichen Aufwendungen i.S.v. § 249 BGB.[290]

b) Vorlagepflicht

167 Grundsätzlich ist dem Geschädigten der Einsatz **eigener Geldmittel** zuzumuten, er muss mit den Reparaturkosten in Vorlage treten.[291]

Der Geschädigte braucht sich jedoch in seiner Lebensführung nicht etwa einzuschränken, allerdings ist es meist möglich und zumutbar, ein laufendes **Gi-**

---

286 OLG Frankfurt zfs 1984, 326; LG Berlin SP 1996, 83.
287 LG Zweibrücken zfs 1984, 101.
288 *Himmelreich / Klimke / Bücken*, Rn 3257 m.w.N.
289 LG Schwerin SP 1996, 416; *Himmelreich / Klimke / Bücken*, Rn 3259 m.w.N.
290 LG Düsseldorf VersR 1984, 897 = zfs 1984, 331; LG Berlin SP 1996, 83; LG Schwerin SP 1996, 416.
291 BGH VersR 1974, 331; OLG Zweibrücken VersR 1981, 343; OLG Nürnberg zfs 2000, 12; OLG Naumburg NZV 2005, 198, 199.

rokonto im entsprechenden mit dem Kreditinstitut vereinbarten Kreditrahmen zu **überziehen**.[292]

Verfügt der Geschädigte über keine freien Geldmittel, so muss er den ersatzpflichtigen Haftpflichtversicherer unverzüglich dahingehend unterrichten, dass bei Nichtzahlung eines Vorschusses eine **Fremdfinanzierung** erforderlich ist.[293] 168

c) Günstige Finanzierungsart

Aber auch bei der Inanspruchnahme von Bankkredit ist der Geschädigte gehalten, die billigste Kreditart zu wählen.[294] 169

Die von Reparaturwerkstätten und Kreditinstituten immer wieder angebotenen „**Unfallkredite**" sind in der Regel erheblich teurer als eine kurzfristige Kontoüberziehung, da 2% Bearbeitungsgebühren berechnet werden.

d) Inanspruchnahme der Vollkaskoversicherung

Wenn der Haftpflichtversicherer aufgrund der unklaren Sach- und Rechtslage nicht unverzüglich den Schaden regulieren kann, ist der Geschädigte gehalten, zur **Vermeidung von Kreditkosten** seine Vollkaskoversicherung in Anspruch zu nehmen.[295] 170

Der ersatzpflichtige Haftpflichtversicherer muss dann den **Rückstufungsschaden** ersetzen, allerdings dann nicht oder nur quotenmäßig, wenn die Vollkaskoversicherung in Anspruch genommen wird, weil ohnehin der Geschädigte sich eine Mithaftungsquote anrechnen muss oder die Leistungserhöhungen der Vollkaskoversicherung (Neuwertersatz gemäß § 13 AKB a.F.) in Anspruch nehmen möchte. 171

---

292 LG München zfs 1991, 304; AG Darmstadt zfs 1991, 412.
293 LG Konstanz SP 2005, 18.
294 BGH NJW 1974, 331; OLG Zweibrücken VersR 1981, 343; LG Köln VersR 1976, 741; AG Köln VersR 1976, 279.
295 OLG München zfs 1984, 136; LG Bautzen SP 1997, 472; AG Regensburg SP 1995, 406.

e) Sonstige Finanzierungsmöglichkeiten

172 Fremdfinanzierung ist nicht der Regelfall, sondern nur bei größeren Schäden erforderlich, wenn ein verständiger und wirtschaftlich denkender Anspruchsteller diese Kreditkosten für erforderlich halten durfte. Dem Geschädigten ist es auch zuzumuten, ein **Arbeitgeberdarlehen** oder einen Gehaltsvorschuss in Anspruch zu nehmen.[296]

173 Diese Möglichkeit besteht insbesondere dann, wenn das Kraftfahrzeug auch im dienstlichen Interesse gehalten wird, also auch der Arbeitgeber ein Interesse daran hat, dass ein Mitarbeiter kurzfristig wieder über sein beschädigtes Fahrzeug verfügen kann.[297]

174 Schließlich ist der Geschädigte gehalten, gegebenenfalls eine kurzfristige Stundung des Rechnungsbetrages gegen **Abtretung** seiner Schadenersatzansprüche zu vereinbaren.

175 Die Versicherer machen immer noch selten davon Gebrauch, einem Geschädigten unter dem Vorbehalt der Rückforderung einen Vorschuss bzw. ein **zinsloses Darlehen** zu zahlen, offensichtlich in der – nicht unbegründeten – Befürchtung, dass bei der endgültigen Schadenregulierung ein zuviel gezahlter Betrag freiwillig nicht zurückgezahlt wird.

f) Kostenvergleich

176 Bei der Inanspruchnahme von Bankkredit muss der Geschädigte zwar nicht „Marktanalyse" betreiben, er darf jedoch keine vermeidbaren Kosten anfallen lassen, indem er beispielsweise eine **Kreditvermittlung**, durch die der Kredit verteuert wird, einschaltet. Auch hier gilt der Grundsatz, dass der Geschädigte sich „wirtschaftlich vernünftig" verhalten muss und nicht etwa im Vertrauen darauf, dass die gegnerische Haftpflichtversicherung alles zahlt, „blind" jedes Kreditangebot annimmt. Der Geschädigte genügt seiner Schadenminderungspflicht am ehesten dadurch, dass er entweder sein **laufendes Girokonto** überzieht oder den Kredit bei seinem eigenen Kreditinstitut in Anspruch nimmt. Im Zeitalter des sich immer mehr verbreitenden bargeldlosen Zahlungsverkehrs dürfte zumindest jeder Autofahrer über eine Verbindung zu einer Bank oder Sparkasse verfügen.

---

296 *Hentschel*, StVG, § 12 Rn 32 m.w.N.
297 *Himmelreich/Klimke/Bücken*, Rn 3311 m.w.N.

g) Beratungshinweis

Der Geschädigte muss darauf hingewiesen werden, dass
- er grundsätzlich mit eigenen Geldmitteln in **Vorlage** treten muss,
- er vor Kreditaufnahme der gegnerischen Haftpflichtversicherung Gelegenheit geben muss, die Finanzierungskosten durch eine **Vorschusszahlung** oder eine Reparaturkostenübernahmeerklärung abzuwenden,
- er die **günstigste Finanzierungsart** wählen muss,
- er bei zu erwartender Regulierungsverzögerung seine **Vollkaskoversicherung** in Anspruch nehmen muss.

177

h) Rechtsprechungsübersicht

aa) Rechtsprechung zugunsten des Geschädigten

- Der Schädiger ist grundsätzlich verpflichtet, die **Zinsen** für einen Überziehungskredit zu erstatten, wenn der Schädiger den ersatzpflichtigen Haftpflichtversicherer darauf hingewiesen hat, dass Überziehungskredit in Anspruch genommen werden muss.[298]
- Die Kreditierung der Mietwagenkosten durch die Mietwagenfirma stellt dann keine Verletzung der Schadenminderungspflicht dar, wenn diese Finanzierungskosten nur unerheblich von den üblichen Bankzinsen abweichen und der Schädiger rechtzeitig auf diese **Finanzierung** hingewiesen worden war.[299]

178

bb) Rechtsprechung zugunsten des Schädigers

- Wenn der Haftpflichtversicherer aufgrund der unklaren Sach- und Rechtslage nicht unverzüglich den Schaden regulieren kann, ist der Geschädigte gehalten, zur Vermeidung von Kreditkosten seine **Vollkaskoversicherung** in Anspruch zu nehmen.[300]
- Ein Unfallgeschädigter darf einen **„Kurzläufer-Kredit"** (Zinsfuß 16%) nur dann in Anspruch nehmen, wenn ihm seine eigene wirtschaftliche Si-

179

---

[298] KG VRS 1978, 92; zfs 1990, 157.
[299] AG Ingolstadt zfs 1991, 304.
[300] OLG München zfs 1984, 1136.

tuation die Inanspruchnahme eines günstigeren Kredits nicht ermöglicht; dies hat der Geschädigte vorzutragen und zu beweisen.[301]

- Der Geschädigte hat grundsätzlich die Kosten der Schadenbeseitigung **aus eigenen Mitteln** vorzustrecken, wenn dies ohne Einschränkung seiner gewohnten Lebensführung möglich ist. Umstände, die eine Kreditaufnahme notwendig machen oder sie wirtschaftlich vernünftig erscheinen lassen, sind vom Geschädigten darzulegen und zu **beweisen**.[302]

8. Regulierungskosten

180 Die Unfallregulierung ist persönliche Sache des Geschädigten und gehört zu seinem eigenen Pflichtenkreis, so dass er Zeitverluste **nicht nach Arbeitsstunden** berechnen darf.[303]

a) Größere Unternehmen

181 Diese Grundsätze gelten auch für Unternehmen mit einem **größeren Fuhrpark**, insbesondere für Verkehrsbetriebe und die Bundesbahn. Soweit in derartigen Unternehmungen eine „Unfallabteilung" unterhalten wird, können keine gesonderten Kosten berechnet werden, es sei denn, durch einen konkreten Schadenfall sind konkrete Mehrkosten entstanden.[304]

b) Privatleute

182 Auch der Geschädigte, der einen **Urlaubstag** in Anspruch nimmt, um die mit der Schadenregulierung verbundenen Besuche bei der Werkstatt, dem Mietwagenunternehmen, dem Anwalt usw. durchzuführen, erhält hierfür keine Entschädigung, da er diese Unternehmungen in seiner Freizeit durchführen kann und muss.

---

301 LG Traunstein r+s 1991, 199.
302 OLG Zweibrücken VersR 1981, 343; OLG Karlsruhe NZV 1989, 23.
303 BGH NJW 1976, 1256 = VersR 1976, 875; OLG Saarbrücken r+s 1982, 214; AG Köln VersR 1981, 743; OLG Stuttgart SP 1996, 350.
304 BGH VersR 1983, 755.

Derartige Aufwendungen des Geschädigten werden durch die allgemeine **Kostenpauschale** von 25 EUR bis 30 EUR abgegolten.[305]

c) Beratungshinweis

Der Geschädigte muss darauf hingewiesen werden, dass 183
- er die mit der Unfallregulierung notwendigen Zeitverluste in die **Freizeit** legen muss,
- er für Zeitverluste, Telefonate usw. in der Regel lediglich **eine Pauschale** von 25 EUR bis 30 EUR erhält.

9. Rückstufungsschaden

Wenn ein Geschädigter aufgrund eines Unfallereignisses seine Vollkaskoversicherung in Anspruch nimmt, tritt in der Regel ein Rabattverlust mit der Maßgabe ein, dass über mehrere Jahre hinaus höhere Versicherungsprämien zu zahlen sind. Dieser Rückstufungsschaden ist als **adäquate Folge** des Unfallgeschehens anzusehen und muss daher vom Schädiger bzw. dessen Haftpflichtversicherung ersetzt werden[306] entsprechend der Haftungsquote.[307] 184

a) Feststellungsklage

Die künftigen Beitragserhöhungen können nicht im Voraus geltend gemacht werden, da nicht mit Sicherheit festgestellt werden kann, ob und in welcher Höhe durch die Rückstufung in Zukunft tatsächlich ein Schaden entsteht. Es ist möglich, dass der Geschädigte in Zukunft gar keinen weiteren Prämienschaden erleidet, weil er beispielsweise auf eine Vollkaskoversicherung oder ganz auf ein Kraftfahrzeug verzichtet. Auch kann sich die weitere Entwicklung der Prämien durch künftige schadenabhängige oder schadenunabhängige Umstände verändern. 185

---

305 AG Oldenburg zfs 2002, 288.
306 Vgl. BGH zfs 1992, 48; OLG Hamm r+s 1992, 376.
307 LG Wiesbaden DAR 1998, 395.

186 Eine zuverlässige Prognose für den **Zukunftsschaden** ist daher nicht möglich, so dass der Rückstufungsschaden auch nur im Wege der Feststellungsklage geltend gemacht werden kann.[308]

b) Schadenminderungspflicht

187 Die Inanspruchnahme der Vollkaskoversicherung mit der Folge eines Rückstufungsschadens kann eine Verletzung der Schadenminderungspflicht darstellen, wenn der Rückstufungsschaden in keinem **wirtschaftlich vernünftigen Verhältnis** zum eingetretenen Sachschaden steht.

188 Der Geschädigte verstößt daher gegen seine Schadenminderungspflicht, wenn er bei einem Sachschaden von ca. 2.700 DM einen Rückstufungsschaden von 3.600 DM durch Inanspruchnahme seiner Vollkaskoversicherung auslöst.[309]

c) Leistungsverbesserungen

189 Wenn der Geschädigte seine Vollkaskoversicherung wegen des höheren Leistungsumfangs in Anspruch nimmt, hat er **keinen Anspruch** auf Ersatz des Rückstufungsschadens.[310]

d) Haftpflichtversicherung

190 Demgegenüber ist der Verlust des Schadenfreiheitsrabattes in der Kfz-Haftpflichtversicherung **kein ersatzfähiger Sachschaden**, da nicht ein absolutes Recht des Geschädigten, sondern ein fremdes Recht betroffen ist.[311]

10. Wiederbeschaffungskosten

191 Bei einem Totalschaden können dem Geschädigten dadurch zusätzliche Aufwendungen entstehen, dass er bei der Beschaffung eines Ersatzfahrzeuges zu-

---

308 BGH zfs 1992, 48; AG Homburg / Saar zfs 1992, 49.
309 LG Köln VersR 1988, 1074, 1075.
310 OLG Saarbrücken zfs 1986, 70; LG Schweinfurt zfs 1986, 71; LG Osnabrück zfs 1986, 264; LG Bremen VersR 1993, 710 = zfs 1993, 267.
311 BGH VersR 1976, 1066.

sätzliche Aufwendungen hat, beispielsweise durch Einschaltung eines **Sachverständigen**, der den zu erwerbenden Gebrauchtwagen überprüft.

Als tatsächlich entstandener Schaden sind diejenigen Kosten zu ersetzen, die zur Beschaffung einer wirtschaftlich gleichwertigen Sache erforderlich sind. 192

In dem Schadenfeststellungsgutachten wird in der Regel der „**Wiederbeschaffungspreis**" ermittelt, also der Betrag, der – im Gegensatz zum bloßen Zeitwert – auf dem Gebrauchtwagenmarkt unter Berücksichtigung aller wertbildenden Faktoren beim Erwerb eines gleichwertigen Fahrzeuges gezahlt werden muss. Üblicherweise ist daher mit der Erstattung dieses Wiederbeschaffungspreises der tatsächliche Sachschaden ausgeglichen; der Geschädigte ist in die Lage versetzt, ein wirtschaftlich gleichwertiges Ersatzfahrzeug zu erwerben.[312] 193

Wenn ein Geschädigter bei der Beschaffung eines Ersatzfahrzeugs auf dem Gebrauchtwagenmarkt **tatsächlich** einen Sachverständigen in Anspruch nimmt, so können die tatsächlich entstandenen Kosten im Einzelfall als adäquater Folgeschaden ersatzfähig sein;[313] demgegenüber sind „**fiktive Sachverständigenkosten**", die oft mit Pauschalen von 50 EUR geltend gemacht werden, kein **ersatzpflichtiger Schaden**.[314] 194

11. Ummeldekosten

Bei einem Totalschaden sind auch die Kosten der Abmeldung des alten Fahrzeuges und der Anmeldung des Ersatzfahrzeuges, soweit diese konkret nachgewiesen werden, zu ersetzen. 195

Die Ummeldekosten sind nicht fiktiv zu ersetzen, es muss auch tatsächlich eine Ummeldung erfolgen.[315]

---

312 OLG Saarbrücken VersR 1989, 1159; OLG Zweibrücken SP 2001, 204; LG Saarbrücken zfs 1986, 103; LG Limburg zfs 1983, 265; LG Darmstadt SP 1997, 108.
313 OLG Saarbrücken VersR 1989, 1159 m.w.N.; LG Saarbrücken zfs 1986, 103. A.A.: OLG Stuttgart SP 1996, 350.
314 Vgl. OLG Saarbrücken VersR 1989, 1159; OLG Zweibrücken SP 2001, 204; 159; LG Koblenz SP 1996, 207. A.A.: OLG Frankfurt zfs 1986, 39 m.w.N.; LG Osnabrück VersR 1985, 250; AG Gronau zfs 1995, 55.
315 KG DAR 2004, 352 = NZV 2004, 470.

196 Die Versicherer zahlen in der Regel **Pauschalbeträge** von ca. 50 EUR für Ummeldekosten einschließlich der Kosten für neue amtliche Kennzeichen. Nach OLG Stuttgart[316] sind Ummeldekosten mit 150 DM zu schätzen.

Soweit ein höherer Schaden geltend gemacht wird, muss dieser konkret unter Beweis gestellt werden.

12. Weitere Nebenkosten

197 Auch andere Aufwendungen des Geschädigten (z.B. Attestkosten, Entsorgungskosten u.Ä.) oder andere Aufwendungen zum Beweis von Schadenpositionen sind erstattungsfähig.[317]

198 Die Einholung einer **Deckungszusage** beim **Rechtsschutzversicherer** ist zwar eine gesonderte Tätigkeit, die auch gesondert zu vergüten ist. Diese Kosten fallen aber nicht in den Schutzbereich der Haftungsnorm und sind daher vom Haftpflichtversicherer auch nicht zu ersetzen.[318]

13. Kostenpauschale

199 In der Rechtsprechung wurde bislang eine Kostenpauschale in Höhe von 50 DM für Nebenkosten, Telefonate, Porto usw. als angemessen erachtet.[319] Mit Rücksicht auf die eingetretenen Preissteigerungen und die Währungsumstellung ist ein glatter Betrag von 30 EUR angemessen.[320]

---

316 zfs 1996, 414.
317 *Notthoff*, VersR 1995, 1399 ff. mit Rechtsprechungsübersicht.
318 LG Berlin DAR 2000, 361.
319 AG Oldenburg zfs 2002, 288.
320 AG Kehlheim DAR 2003, 178.

§ 7 Personenschäden

Bei Verletzung einer Person sind die Kosten der Heilbehandlung und der während der Behandlung entstehende Verdienstausfall zu ersetzen (§ 11 StVG).[1] Seit dem 1.8.2002 besteht ein Schmerzensgeldanspruch auch dann, wenn lediglich eine Haftung aus dem Gesichtspunkt der Betriebsgefahr besteht. Der **Verschuldensnachweis** ist **nicht** mehr erforderlich.

1. Behandlungspflicht

Der Verletzte muss im Rahmen des Zumutbaren sich in ärztliche Behandlung begeben und auch die ärztlichen Verordnungen **befolgen**.[2]

Gegebenenfalls ist der Geschädigte auch zur Duldung einer **Operation** verpflichtet, wenn sichere Aussicht auf Heilung oder wesentliche Besserung besteht.[3] Demgegenüber besteht keine Duldungspflicht bei einer **risikoreichen** Operation oder zweifelhafter Erfolgsaussicht.[4]

2. Erwerbsobliegenheit

Der Geschädigte ist im Rahmen der Zumutbarkeit verpflichtet, die ihm **verbliebene Arbeitskraft** zur Abwendung oder Minderung des Erwerbschadens zu verwenden;[5] dies gilt auch für einen aufgrund eines Unfalls vorzeitig pensionierten Beamten.[6]

---

1 *Küppersbusch*, r+s 2002, 221 ff.
2 Palandt / *Heinrichs*, § 254 Rn 35.
3 BGH VersR 1987, 408 m.w.N.; BGH r+s 1994, 217.
4 OLG Oldenburg NJW 1987, 1200.
5 BGH r+s 1996, 57; BGH NJW 1991, 1413.
6 BGH NJW 1984, 354.

5 Der Verletzte muss alles **Zumutbare** unternehmen, um einen geeigneten Arbeitsplatz zu finden. Die Meldung beim Arbeitsamt reicht nicht aus;[7] er muss auch an Umschulungsmaßnahmen teilnehmen.[8]

6 In besonderen Fällen ist einem Verletzten auch ein **Berufswechsel** und ein Umzug zuzumuten.

Auch die Witwe eines bei einem Unfall Getöteten hat eine Erwerbsobliegenheit gemäß § 254 Abs. 2 BGB. An diese Obliegenheit ist jedoch nicht derselbe Maßstab anzulegen wie im Unterhaltsrecht für den geschiedenen Ehegatten.[9]

7 In der Regel besteht eine Erwerbsobliegenheit **nicht**, wenn **minderjährige Kinder** zu versorgen sind oder die Berufstätigkeit der bisherigen sozialen Stellung nicht entspricht.[10]

8 Ein wegen seiner Unfallverletzung vorzeitig in den Ruhestand versetzter Beamter muss seine restliche Arbeitskraft in den Grenzen des Zumutbaren auf dem allgemeinen Arbeitsmarkt verwerten; es genügt **nicht**, sich lediglich beim **Arbeitsamt** zu melden.[11]

9 Unter dem Gesichtspunkt der Schadenminderungspflicht kann bei Verletzung eines Auges mit der Folge des Doppelbildsehens nicht verlangt werden, zur Wiederherstellung der Fahrtauglichkeit **lebenslang eine Augenbinde** zu tragen.[12]

10 Der Geschädigte muss an Umschulungsmaßnahmen nur dann teilnehmen, wenn überhaupt Aussicht besteht, die Umschulung erfolgreich abzuschließen und eine nutzbare Tätigkeit in dem neuen Beruf zu finden. Diese Voraussetzung ist bei einer um 40% in der Erwerbstätigkeit geminderten Türkin nicht gegeben, die nur über eine **geringe schulische Bildung** verfügt und unzureichende Sprachkenntnisse hat.[13]

---

7 OLG Köln VRS 1980, 85; OLG Düsseldorf FamRZ 1980, 1008.
8 OLG Frankfurt SP 1996, 346.
9 BGHZ 1991, 368.
10 Palandt / *Heinrichs*, § 254 Rn 38 m.w.N.
11 BGH VersR 1983, 488, 489.
12 BGH r+s 1989, 185.
13 BGH NJW 1991, 1412, 1413.

Ein Geschädigter, der aufgrund seiner Unfallverletzung nur leichte Arbeiten durchführen darf, verstößt gegen seine Schadenminderungspflicht, wenn er gleichwohl **schwere Arbeiten** durchführt.[14]

3. Heilungskosten

Die notwendigen Heilungskosten sind zu ersetzen, hierzu gehören auch Kuraufenthalte, verordnete Stärkungsmittel oder aufwendige Kosten für notwendige Narbenkorrekturen.[15]

Erforderlich sind die Heilmaßnahmen, die bei der gegebenen Situation objektiv zweckmäßig erscheinen; ein tatsächlicher **Heilerfolg** ist **nicht** erforderlich.[16]

Selbst die Kosten für ein **Fernsehgerät** im Krankenhaus können als Heilungskosten, wenn hierdurch der Heilungsprozess gefördert wird, ersatzfähig sein.[17]

Die Behandlungskosten müssen sich im Rahmen des Angemessenen halten; der Verletzte muss sich an dem Leistungsstandard orientieren, den er **üblicherweise** in Anspruch nimmt.[18]

Wer als **Kassenpatient** verletzt worden ist, muss die Heilbehandlung auch im Rahmen der **kassenärztlichen Versorgung** durchführen lassen.[19]

Kosten für Besuche naher Angehöriger bei stationärem Krankenhausaufenthalt sind nur dann den zu ersetzenden Heilungskosten zuzuordnen, wenn die Besuche **medizinisch notwendig** und die Aufwendungen unvermeidbar sind.[20] Verdienstausfall oder der Ausfall im Haushalt des Verletzten ist nur dann zu ersetzen, wenn der Ausfall nicht durch Vor- oder Nacharbeit aufgefangen werden kann.[21]

---

14 OLG Frankfurt SP 1996, 346.
15 Vgl. *Hentschel*, StVG, § 11 Rn 11 m.w.N.
16 *Küppersbusch*, Rn 161 ff.
17 Vgl. OLG Köln NJW 1988, 2957.
18 BGH VersR 1989, 56.
19 Palandt / *Heinrichs*, § 249 Rn 10; OLG Düsseldorf VersR 1991, 884.
20 OLG Hamm r+s 1993, 20.
21 BGH NJW 1991, 2340.

17 Bei kleineren **Kindern** gehören die regelmäßigen Besuche der Eltern zu den erstattungspflichtigen Heilungskosten.[22] Besuche bei **Erwachsenen** gehören grundsätzlich **nicht** zu den erstattungspflichtigen Heilungskosten.[23] Ersetzt werden bei den Fahrtkosten nur die **Betriebskosten** des Kraftfahrzeuges;[24] diese Betriebskosten sind in Anlehnung an § 9 Abs. 3 Nr. 2 ZSEG in der Regel mit 0,20 EUR anzusetzen.[25]

18 Ersparte Aufwendungen – beispielsweise **Verpflegungskosten** während einer stationären Behandlung – sind mit 5 EUR bis 10 EUR pro Tag in Abzug zu bringen.[26]

4. Vermehrte Bedürfnisse

19 Gemäß § 843 Abs. 1 BGB sind alle unfallbedingten, ständig wieder-kehrenden Aufwendungen des Geschädigten zu ersetzen, die den Zweck haben, die schadenbedingten Beeinträchtigungen auszugleichen. Hierbei kann es sich um Aufwendungen für besondere Kleidung handeln oder für Prothesen, Umbaukosten für ein Fahrzeug usw.[27]

5. Verdienstausfall

20 Soweit durch den Verkehrsunfall Verdienstausfall adäquat verursacht worden ist, ist auch dieser Schaden zu ersetzen, in der Regel **brutto** einschließlich der Steuern und Arbeitgeberanteile.[28] Weihnachtsgeld und Urlaubsgeld sind anteilmäßig zu ersetzen.[29]

21 Sowohl die **Bruttomethode** als auch die **Nettomethode** müssen bei richtiger Anwendung zum selben Ergebnis führen.[30] Der **modifizierten Bruttome-**

---

22 Vgl. OLG Hamburg zfs 1984, 323; LG Oldenburg zfs 1986, 167; *Hentschel*, StVG, § 11 Rn 5 m.w.N.
23 KG SP 2000, 378.
24 OLG Hamm r+s 1993, 20; LG Oldenburg zfs 1986, 167.
25 OLG Hamm VersR 1996, 1515; OLG Hamm DAR 1998, 317.
26 OLG Frankfurt zfs 1988, 382.
27 *Küppersbusch*, Rn 182 ff.
28 Vgl. BGH DAR 1988, 52; BGH DAR 1995, 110; *Hentschel*, § 11 Rn 11 m.w.N.
29 BGH DAR 1996, 355 = SP 1996, 311 = zfs 1996, 330.
30 BGH DAR 1995, 109 = VersR 1995, 104 = NJW 1995, 389 = zfs 1995, 90.

thode ist der Vorzug zu geben, da sie auch steuerliche Vorteile berücksichtigt.[31]

Auch **erhöhte Versicherungsprämien** sind zu ersetzen, wenn sie als Folgeschaden einer Körperverletzung anfallen.[32] 22

Bei der Berechnung des Verdienstausfallschadens ist ein **Abzug** in Höhe von **10%** für ersparte berufsbedingte Aufwendungen vorzunehmen.[33] 23

Umschulungskosten sind zu ersetzen, ohne dass ein Vorteilsausgleich im Hinblick auf zu erwartende Mehreinkünfte stattfindet.[34] 24

Wird unfallbedingt die Berufsausbildung (**verschobenes Examen**) verzögert, so ist der Schaden nach dem hypothetischen Verlauf der Ausbildung und des Berufslebens zu ermitteln.[35] 25

Bei **Selbständigen** sind die Aufwendungen für Ersatzarbeitskräfte oder die Überstundenvergütung für das vorhandene Personal der ersatzfähige Erwerbsschaden.[36] 26

Wird ein Gewerbetreibender oder Freiberufler arbeitsunfähig, ohne dass seine Arbeitsleistung durch andere Arbeitskräfte ersetzt werden kann, muss die Gewinnminderung **konkret** anhand des Betriebsergebnisses ermittelt und bei der Regulierung zugrunde gelegt werden.[37] 27

Wenn die konkrete Gewinnminderung nicht ermittelt werden kann, weil der Freiberufler beispielsweise berufsunfähig geworden ist, so ergibt sich der Erwerbsschaden aus der **Gewinnprognose** basierend auf den erzielten Gewinnen der vorausgegangenen Jahre.[38]

---

31 BGH r+s 1999, 505 = MDR 1999, 1505 = SP 1999, 411 = zfs 2000, 14.
32 Vgl. BGH DAR 1984, 286.
33 OLG Naumburg SP 1999, 90; LG Tübingen zfs 1992, 82; *Küppersbusch*, Ersatzansprüche bei Personenschäden, Rn 50 m.w.N.
34 BGH NJW 1987, 2741.
35 OLG Karlsruhe DAR 1989, 104; OLG Hamm VersR 2000, 234; *Scheffen*, VersR 1990, 928 m.w.N.; *Hentschel*, StVG, § 11 Rn 12 m.w.N.
36 BGH SP 1997, 100.
37 Vgl. Palandt / *Heinrichs*, § 252 Rn 16 m.w.N.; BGH NJW-RR 1992, 852.
38 BGH SP 1997, 100 = r+s 1997, 197; OLG Köln VersR 2000, 237 = SP 2000, 46.

§ 7 Personenschäden

6. Haushaltsführungsschaden

28 Der haushaltführende Ehegatte – in der Regel die Ehefrau – hat Ersatzansprüche gemäß §§ 842, 843 BGB zum Ausgleich der Tätigkeitsbehinderung.[39]

Die bei einem Unfall verletzte Person, die ganz oder teilweise mit der Haushaltsführung betraut ist, hat einen eigenen Schadenersatzanspruch gegen den Schädiger (§§ 842, 843 BGB).

29 Die Beeinträchtigung der Fähigkeit Hausarbeiten durchzuführen, ist nach den **fiktiven Kosten für eine Hilfskraft** zu bemessen und zwar auch dann, wenn der Ehemann oder andere Familienangehörige die Hausarbeit durchführen.[40]

30 Die fiktiven Kosten einer Ersatzkraft sind zu ersetzen und zwar unabhängig davon, ob tatsächlich entsprechende Aufwendungen gemacht werden.[41]

31 Zu den einzelnen Berechnungsmethoden gibt es eine Vielzahl von Tabellen und Berechnungsbeispielen.[42]

> *Hinweis*
> Auch der verletzte Ehemann kann Haushaltsführungsschaden geltend machen, wenn er sich an der Haushaltsführung beteiligt. Entscheidend ist die spezielle familiäre Arbeitsaufteilung, insbesondere dann, wenn beide Ehegatten berufstätig sind.

32 **Aber:** Selbst bei hochgradigen Bewegungseinschränkungen und einer Minderung der allgemeinen Erwerbsfähigkeit von 40 % ist es dem Verletzten nach § 254 BGB zuzumuten, sich aller **Hilfsmittel** der modernen Technik zu bedienen und gegebenenfalls durch **organisatorische Maßnahmen** die Arbeit im Haushalt umzuverteilen; hierdurch kann der verbleibende Rest der Behinderung aufgefangen werden, ohne dass ein messbarer Haushaltsführungsschaden entsteht.[43]

---

39 Vgl. *Hentschel*, StVG, § 11 Rn 15 m.w.N.; OLG Oldenburg NJW-RR 1989, 1429; OLG Schleswig zfs 1995, 10; *Hillmann*, zfs 1999, 229 m.w.N.; *Ludolph*, SP 2004, 404 ff.
40 OLG Oldenburg r+s 1993, 101; OLG Schleswig zfs 1994, 10.
41 Vgl. BGH NZV 1990, 21; BGH VersR 1992, 618; OLG Schleswig zfs 1995, 10.
42 Vgl. u.a. *Schulz-Borck/Hofmann*, Schadenersatz bei Ausfall von Hausfrauen und Müttern im Haushalt, 3. Auflage; vgl. auch die Musterklage im Anhang.
43 OLG Köln SP 2000, 336.

Bei einer **20%-igen MdE** scheidet ein Haushaltsführungsschaden in der Regel aus.[44]

7. Schmerzensgeld

a) Anspruchsgrundlage

Die bisherige Regelung über das Schmerzensgeld in § 847 BGB ist entfallen. Die systematische Einordnung des Schmerzensgeldes in den allgemeinen Teil des BGB bewirkt, dass Schmerzensgeld **verschuldensunabhängig** zu zahlen ist, also auch im Rahmen der **Gefährdungshaftung**.

33

In § 253 BGB ist ein neuer Absatz 2 mit folgendem Wortlaut eingeführt worden:

> „Ist wegen einer Verletzung des Körpers, der Gesundheit, der Freiheit oder der sexuellen Selbstbestimmung Schadenersatz zu leisten, kann auch wegen des Schadens, der nicht Vermögensschaden ist, eine billige Entschädigung in Geld gefordert werden."

Bei Verkehrsunfällen steht die **Ausgleichsfunktion** im Vordergrund, die Genugtuungsfunktion tritt hinter dieser Ausgleichsfunktion zurück.[45] Der Verletzte soll durch das Schmerzensgeld in die Lage versetzt werden, sich die Erleichterungen und Annehmlichkeiten zu verschaffen, deren Genuss ihm durch die Verletzung unmöglich geworden ist.[46]

34

Das Schmerzensgeld ist daher **nicht niedriger** zu bemessen, wenn der Schädiger lediglich aus **Betriebsgefahr** haftet.[47]

35

b) Bemessungsgrundlage

Bemessungsgrundlage sind das Ausmaß und die Schwere der Verletzungen, die Dauer der Behandlung und das Maß der **Lebensbeeinträchtigung**.

36

---

44 KG SP 2004, 299; LG Aachen NZV 2003, 137.
45 Palandt / *Thomas*, § 253 Rn 11; OLG Celle DAR 2004, 225.
46 BGHZ 18, 149; Palandt / *Thomas*, § 253 Rn 11.
47 OLG Celle DAR 2004, 225 = NZV 2004, 251 = SP 2004, 119.

37 Das **Hinauszögern** der Schadenregulierung und die Belastung mit einem langwierigen Rechtsstreit können zu einem höheren Schmerzensgeldanspruch führen.[48]

38 In der Praxis werden die Schmerzensgeldbeträge in der Regel nach dem **ADAC-Handbuch**[49] ermittelt, welches mittlerweile über 3.000 Entscheidungen für die Bemessung von Schmerzensgeld abdruckt.

39 Regelmäßig wird Schmerzensgeld in einer einmaligen Zahlung (Kapital) geleistet. **Rentenzahlungen** kommen nur **ausnahmsweise** in Betracht, wenn dauernde ärztliche Behandlungen zu erwarten sind oder die unfallbedingten Beeinträchtigungen im täglichen Leben stets als neu und belastend empfunden werden.[50]

c) Übertragbarkeit

40 Der Schmerzensgeldanspruch ist **vererblich** und **übertragbar**, nachdem zum 1.7.1990 § 847 Abs. 1 S. 2 BGB gestrichen worden ist.

Wenn ein Verletzter einen Unfall nur **kurzfristig überlebt**, können die Erben den Schmerzensgeldanspruch auch dann durchsetzen, wenn der Verletzte diesen Anspruch nicht mehr artikulieren konnte.[51]

d) Beweislast

41 Die häufigste – oft nicht objektiv feststellbare – Unfallverletzung ist das HWS-Schleudertrauma.[52]

42 Der Verletzte muss den Vollbeweis für die erlittene Verletzung und die Ursächlichkeit mit dem Unfallgeschehen führen.[53] Die nach § 286 ZPO erforderliche Überzeugung erfordert keine absolute Gewissheit, sondern nur einen

---

48 Vgl. Palandt / *Thomas*, § 847 Rn 11 m.w.N.; OLG Nürnberg VersR 1997, 1108 = SP 1997, 357.
49 *Hacks / Ring / Böhm*, SchmerzensgeldBeträge, 23. Aufl. 2005.
50 BGHZ 18, 149; *Notthoff*, VersR 2003, 966 ff. mit umfassender Rechtsprechungsübersicht.
51 BGH DAR 1995, 105; LG Augsburg r+s 1994, 419 = zfs 1995, 10; *Notthoff*, r+s 2003, 309 ff. mit umfassender Rechtsprechungsübersicht.
52 *Wessels / Castro*, VersR 2000, 284 ff.; *Dannert*, zfs 2001, 2 ff.; *Müller*, VersR 2003, 137.
53 BGH r+s 2003, 172; BGH NZV 2004, 27; OLG Dresden SP 2003, 269; LG Bochum SP 2003, 270; *Lemcke*, r+s 2003, 177 ff.

für das praktische Leben brauchbaren Grad von Gewissheit, der Zweifeln Schweigen gebietet.[54]

Bei einem **leichten Auffahrunfall** gibt es keine Beweiserleichterungen, der Geschädigte muss vielmehr den **Vollbeweis** (§ 286 ZPO) führen.[55] 43

Die Regeln des Anscheinsbeweises für das Vorliegen einer unfallbedingten Verletzung der HWS kommen nur dann zur Anwendung, wenn eine kollisionsbedingte **Geschwindigkeitsänderung von über 15 km/h** bewiesen ist.[56] 44

Bei **degenerativen Veränderungen** der Wirbelsäule muss der Verletzte, wenn frische knöcherne Verletzungen fehlen, beweisen, dass die Beschwerden auf den Unfall zurückzuführen sind.[57] 45

Erleidet ein Unfallbeteiligter mit degenerativ vorgeschädigter Halswirbelsäule einen Unfall, sind die daraufhin eintretenden Beschwerden nicht unfallbedingt, wenn sie ohne den Unfall alsbald durch ein **beliebiges Alltagsereignis** ausgelöst worden wären.[58]

e) Arbeitsunfälle

Bei Verkehrsunfällen unter **Arbeitskollegen** auf dem Firmenparkplatz oder **Mitschülern** auf dem Schulparkplatz bzw. Studenten auf dem Universitätsparkplatz kann Schmerzensgeld gemäß § 105 SGB VII (früher §§ 636, 637 RVO) nur bei **Vorsatz** geltend gemacht werden.[59] 46

---

54 BGH r+s 2003, 172, 173.
55 OLG Düsseldorf r+s 1997, 457; KG NZV 2004, 460; AG Göttingen SP 2000, 338; AG München SP 2000, 340; Aufsätze von *Bachmeier, Großer, Krumbholz, Oppel, Wedig*, DAR 2004, 421 ff. mit umfassender Rechtsprechungsübersicht.
56 KG NJW 2004, 460.
57 OLG Frankfurt VersR 1994, 610; *Ziegert*, DAR 1998, 336 m.w.N.
58 OLG Hamm zfs 2002, 177.
59 BSG VersR 1995, 363; OLG Hamm r+s 1998, 141; OLG Düsseldorf VersR 1998, 1546; OLG Celle MDR 2000, 52; *Jahnke*, VersR 2000, 155 mit Rechtsprechungsübersicht.

f) Rechtsprechungsübersicht

aa) Rechtsprechung zugunsten des Geschädigten

47
- Auch für **seelisch** bedingte Folgeschäden hat der Schädiger einzustehen, selbst wenn diese Schäden auf psychische Auffälligkeiten und eine neurotische Fehlbearbeitung zurückzuführen sind.[60]
- Der Schädiger hat grundsätzlich auch für einen psychischen Folgeschaden einzutreten.[61]
- **Aber:** Einem Unfall sind psychisch vermittelte gesundheitliche Primärschäden dann nicht mehr zuzurechnen, wenn bereits der Unfall selbst als **Bagatelle** einzustufen ist.[62]
- Bei gravierenden und folgenschweren Verletzungen besteht Anspruch auf Schmerzensgeld auch bei überwiegendem **Selbstverschulden**.[63]
- Der **Erbe** kann Schmerzensgeld auch dann verlangen, wenn der Verletzte den Unfall nur kurzfristig überlebt.[64]
- Unangemessene Verzögerungen bei der Schadenregulierung und unsachgemäße Rechtsverteidigung in einem Rechtsstreit (**„Zermürbungstaktik"**) durch den Haftpflichtversicherer können ein höheres Schmerzensgeld begründen;[65] es kann dem Versicherer jedoch nicht ein Vorwurf gemacht werden, wenn er von seinen prozessualen Rechten Gebrauch macht.[66]
- Eine zögerliche Schadenregulierung und der **unbegründete Vorwurf der Schwarzarbeit** können bei der Bemessung des Schmerzensgeldes zugunsten des Geschädigten berücksichtigt werden.[67]
- Auch relativ geringfügige Verletzungen können „Auslöser" für derart schwerwiegende **psychische** Schäden sein, dass Berufsunfähigkeit eintritt.[68]

---

60 BGH DAR 1996, 351; OLG Köln VersR 1996, 1551; OLG Braunschweig r+s 1998, 327.
61 BGH NJW 1993, 1523; *Burmann/Heß*, zfs 2004, 348 ff. m.w.N.
62 OLG Hamm SP 2002, 11.
63 OLG Köln r+s 1993, 19.
64 LG Augsburg r+s 1994, 419.
65 OLG Koblenz VersR 1989, 629; OLG Nürnberg VersR 1997, 1108 = NJW-RR 1998, 1040; OLG Naumburg VersR 2002, 1295; OLG Hamm VersR 2003, 780.
66 OLG Frankfurt DAR 2003, 557.
67 OLG Naumburg VersR 2004, 1423.
68 BGH zfs 1998, 92; BGH zfs 1998, 93; BGH r + s 1999, 200; OLG Frankfurt NVersZ 1999, 144.

- Allein der Umstand, dass sich ein Unfall mit einer geringen kollisionsbedingten Geschwindigkeitsänderung (**Harmlosigkeitsgrenze**) ereignet hat, schließt die tatsächliche Überzeugungsbildung nach § 286 ZPO nicht aus.[69]

bb) Rechtsprechung zugunsten des Schädigers

- Bei **Bagatellverletzungen** (Druckschmerz und Verspannungen) ist kein Schaden im Sinne von § 253 Abs. 2 BGB eingetreten, wenn die Lebensfreude nicht nachhaltig beeinträchtigt wird und kein Verzicht in der Lebensgestaltung eintritt.[70]
- Ein Schmerzensgeldanspruch entsteht nicht, wenn der Verunglückte **sofort verstirbt**.[71]
- Allein der Umstand, dass der Schädiger oder seine Haftpflichtversicherung es auf einen **Rechtsstreit** ankommen lassen, rechtfertigt noch kein höheres Schmerzensgeld.[72]
- Bei **geringer Aufprallgeschwindigkeit** (7–10 km/h) ist ein HWS-Schleudertrauma ausgeschlossen;[73] diese Grundsätze sind **nicht** bei einem **seitlichen Aufprall** heranzuziehen.[74]
- Zum Beweis einer Körperverletzung reicht die nicht näher bestimmte Diagnose eines **ärztlichen Attestes nicht** aus, wenn nur eine geringe Aufprallgeschwindigkeit vorlag.[75]
- Bei der Höhe des Schmerzensgeldes ist eine **Schadenbereitschaft** in der **Konstitution** des Geschädigten mindernd zu berücksichtigen.[76]

48

---

69 BGH r+s 2003, 172 = VersR 2003, 474 = SP 2003, 162.
70 BGH VersR 1992, 505 = zfs 1992, 114; OLG Köln zfs 1988, 348; LG Aachen VersR 1983, 45; AG Bielefeld zfs 1995, 372.
71 LG Nürnberg Fürth r+s 1994, 418.
72 OLG Braunschweig zfs 1995, 90.
73 OLG Köln r+s 1991, 374; KG VersR 1997, 1416; OLG Hamm r+s 1998, 325; OLG Hamm NJW-RR 1999, 821; OLG Köln SP 1999, 89; OLG Stuttgart SP 1999, 196; OLG Stuttgart SP 1999, 232; OLG Hamm zfs 2001, 160 = r+s 2001, 66; KG NZV 2003, 281; OLG Hamburg SP 2003, 55; LG Bochum r+s 1996, 441; LG Stade r+s 1996, 443; LG Amberg SP 1996, 382 = r+s 96, 443; LG Köln SP 2003, 345; AG Kiel SP 1996, 382; AG Erlangen SP 1996, 279; AG Mannheim SP 1996, 280.
74 LG Landau NJW-RR 2000, 1474. A.A.: BGH r+s 2003, 172 = VersR 2003, 474 = SP 2003, 162.
75 OLG Frankfurt NJW-RR 1999, 822; OLG Frankfurt r+s 2001, 65; OLG Hamm SP 2002, 11. A.A.: OLG Bamberg DAR 2001, 121.
76 BGH zfs 1997, 51 = SP 1997, 69 = r+s 1997, 64.

§ 7 Personenschäden

- **Fahrtkosten** zu Ärzten, Attestkosten und Massagebehandlungen sind auch dann zu ersetzen, wenn der Geschädigte im Rechtsstreit nach § 286 ZPO nicht beweisen kann, dass er unfallbedingte Verletzungen erlitten hat.[77]
- Es besteht kein haftungsrechtlicher Zusammenhang zwischen Erst- und Zweitunfall bei bloßer **Verstärkung** der allgemeinen Anfälligkeit für neurotische Fehlentwicklungen durch den Erstunfall.[78]

8. Beratungshinweis

49 Der Verletzte muss darauf hingewiesen werden, dass
- die ärztliche Behandlung dem Leistungsstandard entsprechen muss, den er **üblicherweise** in Anspruch nimmt,
- eine **Mitwirkungspflicht** besteht, zum schnellen und positiven Heilungsverlauf beizutragen,
- bei einem Dauerschaden die **verbliebene Arbeitskraft** zur Abwendung oder Minderung des Erwerbsschadens eingesetzt werden muss.

---

[77] KG NZV 2003, 281.
[78] BGH zfs 2004, 349.

§ 8 Mittelbar Geschädigte

Grundsätzlich kann nur derjenige Schadenersatzansprüche aus einem Verkehrsunfall geltend machen, der selbst, also unmittelbar verletzt worden ist. Eine Ausnahmeregelung enthalten die §§ 844, 845 BGB.

1. Beerdigungskosten

Gemäß § 844 Abs. 1 BGB müssen bei einem tödlichen Verkehrsunfall die Beerdigungskosten demjenigen ersetzt werden, der diese Kosten zu tragen hat. In der Regel wird es sich um den oder die **Erben** des Verstorbenen handeln.[1]

Ersatzpflichtig sind die Kosten einer **standesgemäßen** Beerdigung (§ 1968 BGB). Nicht ersatzpflichtig sind die Kosten für die Pflege und Instandsetzung des Grabes.[2] Zu den Beerdigungskosten gehören jedoch auch die sonstigen Kosten, also Kosten für Todesanzeigen, Zeitungsanzeigen, Trauerkleidung, Trauermahlzeiten.

Ein **Sterbegeld** (§ 64 SGB VII, früher: §§ 201 ff. RVO) ist auf die Beerdigungskosten **anzurechnen.**

2. Entgangene Unterhaltsleistungen

Gemäß § 844 Abs. 2 BGB können diejenigen, denen gegenüber der Getötete unterhaltspflichtig war, ihren Anspruch auf Ersatz des Unterhaltsschadens gegen den Schädiger geltend machen.

Das Maß des zu ersetzenden Unterhaltsschadens ergibt sich aus den gesetzlichen Vorschriften (§§ 1602, 1361, 1569 BGB). Die gesetzliche Unterhaltspflicht umfasst den **Bar- und den Naturalunterhalt.**[3]

---

1 Vgl. Palandt / *Thomas*, § 844 Rn 4 m.w.N.
2 BGHZ 1961, 238.
3 BGH FamRZ 1990, 878.

6 Zu ersetzen ist der **gesetzlich geschuldete Unterhalt**, es kommt nicht darauf an, ob und welchen Unterhalt der Getötete tatsächlich geleistet hat.[4]

7 Zum Naturalunterhalt gehört insbesondere der Betreuungsunterhalt, auch die unentgeltliche **Betreuung eines Körperbehinderten** durch seine nicht berufstätige Ehefrau.[5]

8 Gemäß § 10 Abs. 2 S. 2 StVG tritt die Ersatzpflicht des Schädigers auch dann ein, wenn der Dritte zur Zeit der Verletzung **gezeugt**, aber noch nicht geboren war.

9 Der zu zahlende Unterhalt kann nach den Regeln der Unterhaltsverordnungen und den **Unterhaltstabellen** ermittelt werden.[6]

3. Entgangene Dienstleistung

10 Ansprüche wegen entgangener Dienstleistung kommen gemäß **§ 845 BGB** in Betracht, „wenn der Verletzte kraft Gesetzes einem Dritten zur Leistung von Diensten in dessen Hauswesen oder Gewerbe verpflichtet war".

11 Die Dienstleistungspflicht von **Kindern** ist nach § 1619 BGB zu beurteilen. Wenn der oder die Verletzte im Haushalt oder im Geschäftsbetrieb des Ehepartners tätig war, kann der andere Ehegatte Schadenersatz für die gesetzlich geschuldeten und infolge der Verletzung nicht erbrachten Dienste verlangen.

12 Werden zum Ausgleich **Ersatzkräfte** eingestellt, so sind grundsätzlich die an diese geleisteten Zahlungen zu ersetzen.[7]

---

4 BGH FamRZ 1988, 1030; *Weber*, DAR 1988, 181 ff. mit Rechtsprechungsübersicht.
5 BGH MDR 1993, 124.
6 BGH NZV 1988, 136; *Wussow / Küppersbusch*, Ersatzansprüche bei Personenschäden, Rn 223 ff.
7 Palandt / *Thomas*, § 845 Rn 3 m.w.N.; vgl. *Jung*, DAR 1990, 161 ff.

4. Arbeitgeber

Der Arbeitgeber, der dem verletzten Arbeitnehmer das Gehalt oder den Arbeitslohn weiter bezahlt, ist nur **mittelbar Geschädigter**, so dass er keine unmittelbaren Ansprüche gegen den Schädiger geltend machen kann.[8]

§ 6 **Entgeltfortzahlungsgesetz (EFZG)**, der inhaltlich dem früheren § 4 Lohnfortzahlungsgesetz (LFZG) entspricht, enthält insoweit einen gesetzlichen Forderungsübergang **(cessio legis)** der Ansprüche des verletzten Arbeitnehmers. Soweit das Arbeitsentgelt fortgezahlt wird, kann der Arbeitgeber Ansprüche gegen den Schädiger geltend machen, einschließlich folgender auf das Arbeitsentgelt entfallenden Nebenkosten:
- Beiträge zur Bundesanstalt für Arbeit,
- Arbeitgeberanteile an Beiträgen zur Sozialversicherung und zur Pflegeversicherung,
- Beiträge zu Einrichtungen der zusätzlichen Alters- und Hinterbliebenenversorgung.

Für weitergehende Leistungen ist eine **Abtretung** erforderlich.

Arbeitnehmer im Sinne des Entgeltfortzahlungsgesetzes sind Arbeiter und Angestellte sowie die zu ihrer Berufsbildung Beschäftigten (§ 1 Abs. 2 EFZG).

Wenn ein Arbeitgeber übergegangene Entgeltfortzahlungsansprüche nicht selbst geltend macht, sondern einen Rechtsanwalt einschaltet, sind die insoweit anfallenden **Anwaltskosten nicht zu ersetzen**.[9]

Der Arbeitgeber darf sich auf die **Arbeitsunfähigkeitsbescheinigung** des behandelnden Arztes **verlassen**.[10]

---

8 *Jahnke*, NZV 1996, 169 ff.; *Förschner*, DAR 2001, 16.
9 LG Mosbach VersR 1983, 571 = zfs 1983, 238 m.w.N.
10 BGH r+s 2002, 63 = zfs 2002, 67.

§ 9 Mehrwertsteuer

1 Mehrwertsteuer ist gemäß § 249 Abs. 2 S. 2 BGB nur zu ersetzen, „wenn und soweit sie tatsächlich angefallen ist".

Wenn der Geschädigte gemäß § 15 UStG die Möglichkeit des **Vorsteuerabzugs** hat, ist er grundsätzlich verpflichtet, insoweit den Schädiger zu entlasten und nur die Nettobeträge zu verlangen.

2 Diese Maßnahme ist dem Geschädigten auch durchaus zuzumuten, weil er selbst hierdurch keinen Nachteil erleidet und in Höhe der Vorsteuerbeträge seine eigene Steuerlast gegenüber dem Finanzamt verkürzen kann.[1]

3 Bei einem kaufmännischen Unternehmen besteht eine **Vermutung,** dass die Möglichkeit des Vorsteuerabzuges gegeben ist. Behauptet ein Kaufmann, dass ausnahmsweise bei dem beschädigten Fahrzeug die Berechtigung zum Vorsteuerabzug fehlt, ist insoweit der Anspruchsteller darlegungs- und beweispflichtig.[2]

Bei **Leasingfahrzeugen** ist auf die Verhältnisse des Leasinggebers abzustellen.[3]

---

1 BGH NJW 1972, 1460 = VersR 1972, 973.
2 KG VersR 1976, 391.
3 OLG Köln SP 2003, 207 m.w.N.

§ 10 Anwaltskosten

Die bei der Schadenregulierung anfallenden Rechtsanwaltskosten sind als adäquater Sachfolgeschaden vom Schädiger zu ersetzen.[1] Diese Ersatzpflicht besteht auch dann, wenn der Rechtsanwalt sich selbst vertritt.[2]

1. Erforderlichkeit

Rechtsanwaltskosten als adäquater Sachfolgeschaden sind grundsätzlich auch dann zu ersetzen, wenn die Sach- und Rechtslage eindeutig ist. Der Geschädigte darf sich eines sachkundigen Rechtsanwalts bedienen, um gegenüber dem sachkundigen Haftpflichtversicherer **„Waffengleichheit"** zu erreichen.[3]

Dieser Grundsatz gilt jedoch nicht ausnahmslos: Voraussetzung für die Ersatzfähigkeit von Anwaltskosten ist regelmäßig, dass der Geschädigte die Beauftragung des Rechtsanwalts für erforderlich halten durfte.[4]

Betriebe ab einer gewissen Größenordnung müssen in der Lage sein, mit ihrem kaufmännisch geschulten Personal Schadenersatzansprüche in **einfachen Fällen ohne anwaltliche Hilfe** durchzusetzen.[5]

Der Schädiger ist lediglich verpflichtet, die gesetzlichen Gebühren und auch diese nur insoweit zu ersetzen, als diese für die Durchsetzung der Schadensersatzansprüche sinnvoll und erforderlich waren.

Die Geschäftsgebühr nach VV RVG 2400 beträgt 0,5 bis 2,5. Eine Gebühr von mehr als 1,3 kann nur gefordert werden, wenn die Tätigkeit umfangreich oder schwierig war.

---

1 Palandt / *Heinrichs*, § 249 Rn 21 m.w.N.
2 LG Mainz NJW 1972, 161; LG Mannheim AnwBl 1975, 68; *Greisinger*, zfs 1999, 504 m.w.N.
3 AG Darmstadt zfs 2002, 71.
4 OLG Karlsruhe NJW-RR 1990, 929 m.w.N.
5 BGH DAR 1995, 67; OLG Karlsruhe NJW-RR 1990, 929 m.w.N.; Palandt / *Heinrichs*, § 249 Rn 21 m.w.N.; *Meiendresch / Heinke*, r+s 1995, 281 ff. mit Rechtsprechungsübersicht.

Die Mittelgebühr nach VV RVG 2400 beträgt 1,5 und im Regelfall, wenn die Tätigkeit des Rechtsanwalts nicht umfangreich oder schwierig war, 1,3.[6]

7 Da es Wille des Gesetzgebers war, den Gebührensatz von 1,3 zur Regelgebühr zu erheben, kommt eine Unterschreitung dieser „Mittelgebühr" nur in Ausnahmefällen in Betracht.[7] Die 1,3-Regelgebühr ist daher in einer Vielzahl von Entscheidungen – und bei einfach gelagerten Fällen – zugesprochen worden.[8] Demgegenüber ist in anderen Entscheidungen eine 1,0 Geschäftsgebühr nach Nr. 2400 VV RVG angenommen worden, weil die Unfallregulierung unterdurchschnittlich schwierig und zeitaufwendig war.[9]

2. Erstattungspflicht

8 Zu differenzieren ist zwischen den **vertraglich geschuldeten** Anwaltskosten aufgrund des Anwaltsvertrages und den Kosten, die der Schädiger als **adäquate Schadenfolge** zu ersetzen hat. Hat der Geschädigte mit dem von ihm beauftragten Rechtsanwalt eine Gebührenvereinbarung getroffen, die über die gesetzlichen Gebühren hinausgeht, besteht insoweit kein Erstattungsanspruch gegen den Haftpflichtversicherer.

9 Wenn der Geschädigte sich auch bei der Geltendmachung seiner **Kaskoansprüche** anwaltlich vertreten lässt, muss der Haftpflichtversicherer diese Anwaltskosten ebenfalls als adäquate Schadenfolgekosten ersetzen.[10]

---

6 *Madert*, zfs 2004, 301 ff.; *Schneider*, zfs 2004, 396; AG Landstuhl NJW 2005, 161.
7 AG Chemnitz zfs 2005, 308.
8 AG Aachen AnwBl 2005, 223 = SP 2005, 210; AG Bielefeld AnwBl 2005, 223; AG Chemnitz zfs 2005, 308; AG Coburg NZV 2005, 211; AG Frankenthal DAR 2005, 238; AG Gelsenkirchen zfs 2005, 255 = SP 2005, 211; AG Gießen RVG-Report 2005, 149; AG Gießen RVG-Letter 2005, 33; AG Hagen AnwBl 2005, 223; AG Hamburg-Barmbek RVG-Report 2005, 148; AG Heidelberg RVG-Report 2005, 148; AG Hof RVG-Letter 2005, 42; AG Iserlohn 2005, 258; AG Jülich RVG-Report 2005, 63; AG Karlsruhe AnwBl 2005, 223 = zfs 2005, 309; AG Kehlheim AnwBl 2005, 224; AG Kempen zfs 2005, 309; AG Landstuhl AnwBl 2005, 224 = NJW 2005, 161; AG Lörrach RVG-Report 2005, 148; AG Lüdenscheid AnwBl 2005, 224; AG München AnwBl 2005, 224; AG Bad Neustadt a.d. Saale zfs 2005, 310; AG Singen RVG-Letter 2005, 34.
9 AG Berlin-Mitte RVG-Report 2005, 63; AG Gronau RVG-Report 2005, 64; AG Herne RVG-Report 2005, 110; AG Mainz RVG-Report 2005, 113; AG Osnabrück RVG-Report 2005, 114.
10 OLG Karlsruhe r+s 1990, 303.

Demgegenüber sind nicht zu ersetzen die Kosten für Verhandlungen über eine   10
Kreditaufnahme.[11]

Nicht erstattungsfähig sind die Anwaltskosten des **Arbeitgebers**, der die Lohnnebenkosten gemäß § 6 EFZG geltend macht. Bei diesen Anwaltskosten handelt es sich nicht um unmittelbare Sachfolgekosten, sondern um mittelbare Schäden des Arbeitgebers, bei deren Verfolgung Rechtsanwaltskosten nur dann zu ersetzen sind, wenn der Schädiger sich in Verzug befindet oder aus anderen Gründen berechtigte Ansprüche nicht reguliert hat.

3. Hebegebühren

Die Differenzierung zwischen den Anwaltsgebühren, die gegenüber dem   11
Mandanten geltend gemacht werden können und den erstattungsfähigen Gebühren, die der Haftpflichtversicherer ersetzen muss wird besonders deutlich bei der Hebegebühr gemäß VV 1009.

Nach dieser Vorschrift erhält der Rechtsanwalt eine Hebegebühr, wenn er für seinen Mandanten Zahlungen vereinnahmt und diese an ihn weiterleitet. Diese Hebegebühr soll den Aufwand für die Abwicklung des Zahlungsverkehrs und die damit verbundene Tätigkeit und Verantwortung abgelten.

In der Regel pflegen Rechtsanwälte diese Hebegebühr weder ihrem Man-   12
danten noch einem erstattungspflichtigen Schädiger in Rechnung zu stellen. Gleichwohl hat ein Rechtsanwalt, der Zahlungen entgegennimmt, gegenüber seinem Mandanten einen Anspruch auf Zahlung dieser Hebegebühr.

Eine Erstattungspflicht des Schädigers besteht jedoch nur dann, wenn die Einschaltung eines Rechtsanwalts für die Empfangnahme, Verwaltung und Auszahlung zur zweckentsprechenden Rechtsverfolgung i.S.v. § 91 Abs. 2 ZPO i.V.m. § 254 Abs. 2 BGB **notwendig** ist.[12] Eine derartige Notwendigkeit besteht **in der Regel nicht**, da es nur in Ausnahmefällen erforderlich sein könnte, einen Rechtsanwalt mit dem Inkassogeschäft zu beauftragen.

---

11 OLG Düsseldorf DAR 1983, 359.
12 *Himmelreich / Klimke / Bücken*, Rn 2923.

13 Ein Rechtsanwalt, der beabsichtigt, für die Entgegennahme und Weiterleitung von Zahlungen eine Hebegebühr in Rechnung zu stellen, ist verpflichtet, seinen Mandanten darauf hinzuweisen, dass diese Hebegebühr anfällt. Wenn der beauftragte Rechtsanwalt den ersatzpflichtigen Haftpflichtversicherer darauf **hinweist**, dass bei Zahlungen an ihn eine Hebegebühr berechnet wird, ist der Versicherer auch verpflichtet, diese Hebegebühr zu erstatten.[13]

Hebegebühren werden daher grundsätzlich nicht als erstattungsfähige Rechtsanwaltskosten im Sinne von § 91 ZPO angesehen.[14] Erstattungsfähigkeit wird nur dann bejaht, wenn der Schuldner unaufgefordert an den beauftragten Rechtsanwalt zahlt oder sogar entgegen der Anweisung des Rechtsanwalts, keine Zahlungen an ihn zu leisten.[15]

Ein materiell rechtlicher Kostenerstattungsanspruch im Rahmen der Schadenregulierung gemäß § 249 BGB besteht nicht, da die Entgegennahme der Ersatzleistung keine anwaltliche Hilfe erforderlich macht. Ersatzfähig ist die Hebegebühr daher nur dann, wenn ausnahmsweise die Hinzuziehung eines Rechtsanwalts für die Entgegennahme von Zahlungen erforderlich ist. Dies ist beispielsweise dann der Fall, wenn der Mandant im Ausland wohnt, über kein eigenes Konto verfügt oder krankheits- oder verletzungsbedingt nicht in der Lage ist, über sein Konto zu verfügen.[16]

4. Gebührenabkommen/Arbeitsanweisung

14 Um das Massengeschäft „Regulierung von Kfz-Haftpflichtschäden" rationell, effektiv und möglichst einfach zu erledigen, hatten der Deutsche Anwaltverein (DAV) und der AOK-Verband (heute GDV) 1971 ein **Gebührenpauschalabkommen** (abgedruckt in AnwBl 1971, 198) beschlossen; nach diesem Abkommen sollte die außergerichtliche Schadenregulierung durch Pauschalgebühren abgegolten werden. Aus kartellrechtlichen Gründen wurde dieses Abkommen durch „Verhaltens- und Abrechnungsgrundsätze bei der Regulierung von Kraftfahrzeugschäden" 1991 ersetzt.

---

13 *Himmelreich/Klimke/Bücken*, Rn 2925 mit umfassender Rechtsprechungsübersicht.
14 *Zöller/Herget*, § 91 Rn 13, Stichwort „Geld" m.w.N.
15 *Zöller/Herget*, a.a.O.
16 *Schneider*, RVG 2. Auflage, VV 1009 Rn 61; OLG München AnwBl 1963, 339; *Braun*, Praxis des Vergütungsrechts Teil V Rn 206; AG Bruchsal VersR 1986, 689.

Ein entsprechendes Abkommen im Rahmen des RVG ist nicht zu erwarten, da die kartellrechtlichen Bedenken weiterhin bestehen und sogar noch in stärkerem Maße geäußert werden. Auf der anderen Seite bleibt es ein wichtiges Anliegen für Anwaltschaft und Versicherungswirtschaft, die Abwicklung von Schadenfällen möglichst unkompliziert und unbürokratisch zu gestalten. Mehrere Versicherer haben daher den Deutschen Anwaltverein darüber informiert, dass sie die Rechtsanwaltsgebühren nach bestimmten Grundsätzen abrechnen werden, die dem früheren Abkommen/der früheren Gebührenempfehlung inhaltlich entsprechen und eine angemessene Erhöhung vorsehen. Die Versicherer, die diese Arbeitsanweisung zugrunde legen, wenden diese nur gegenüber solchen Rechtsanwälten an, die sich mit ihr in allen Fällen uneingeschränkt einverstanden erklären. Die entsprechenden Erklärungen sind im Anhang abgedruckt.

5. Abkommen über die Vergütung von Aktenauszügen aus Unfallstrafakten

Das Abkommen über die Vergütung von Aktenauszügen ist durch das Inkrafttreten des RVG keineswegs ausgelaufen.[17] Als übliche Vergütung für diese Tätigkeit sind weiterhin 26 EUR für die erste und 13 EUR für die zweite und jede weitere Einsicht neben den Auslagen und der gesetzlichen Umsatzsteuer zu berechnen.

6. Rechtsprechungsübersicht

a) Rechtsprechung zugunsten des Geschädigten

■ Ein Geschädigter darf sich auch bei den anlässlich eines Schadenfalles notwendigen Verhandlungen mit dem Kaskoversicherer anwaltlich vertreten lassen. Die hierbei entstehenden Kosten sind **adäquate Schadenfolgekosten**, die vom gegnerischen Haftpflichtversicherer zu erstatten sind.[18]

---

17 A.A. *Gerold/Schmidt*, RVG, 16. Aufl. 2004, Anhang E 10.
18 LG Stuttgart DAR 1989, 27; OLG Karlsruhe r+s 1989, 150; OLG Karlsruhe r+s 1990, 303; LG Offenburg zfs 1990, 347.

§ 10 Anwaltskosten

- Ein **Arbeitgeber** darf sich bei der Geltendmachung übergegangener Ansprüche auch ohne Verzug des Schädigers anwaltlich vertreten lassen.[19]

b) Rechtsprechung zugunsten des Schädigers

17
- Ein **Mietwagenunternehmen** oder ein **Leasingunternehmen** oder eine Behörde (Autobahnbetriebsamt) verstößt gegen seine Schadenminderungspflicht, wenn es trotz eindeutiger Sach- und Rechtslage einen Rechtsanwalt beauftragt, anstatt die Schadenunterlagen unmittelbar an die gegnerische Haftpflichtversicherung zu übersenden.[20]
- Die für die Regulierung des **Kaskoschadens** entstehenden Anwaltskosten sind dann vom Schädiger nicht zu ersetzen, wenn die Kaskoversicherung lediglich wegen des höheren Leistungsumfangs in Anspruch genommen wird.[21]
- Der Haftpflichtversicherer hat grundsätzlich das Recht, zur Klärung der Haftpflichtfrage die polizeilichen Ermittlungsakten einzusehen. Weitere eigene Maßnahmen zur Sachverhaltsaufklärung sind nicht erforderlich. Reguliert der Versicherer innerhalb von neun Tagen nach Akteneinsicht, jedoch **vier Monate** nach dem Unfall, so hat er **keine Veranlassung zur Klageerhebung** gegeben. Die insoweit angefallenen Rechtsanwaltskosten und die Gerichtskosten des dann erledigten Rechtsstreites muss der Kläger gemäß § 93 ZPO tragen.[22]
- Wenn sich die ersatzpflichtige Haftpflichtversicherung bereits **vor** Einschaltung eines Rechtsanwalts bereiterklärt hat, den Schaden zu **100%** zu regulieren, ist es ein Verstoß gegen die Schadenminderungspflicht, gleichwohl noch einen Rechtsanwalt zu beauftragen.[23]
- Ein **Arbeitgeber** hat keinen Anspruch auf Kostenerstattung, wenn er übergegangene Lohnfortzahlungsansprüche nicht unmittelbar geltend macht, sondern insoweit einen Rechtsanwalt beauftragt.[24]

---

19 AG Köln VersR 1982, 762 = zfs 1982, 300.
20 BGH DAR 1995, 67; AG Brake r+s 1991, 270; AG Cloppenburg r+s 1992, 54; AG Bocholt r+s 1992, 54.
21 LG Offenburg zfs 1990, 347.
22 OLG Bamberg r+s 1990, 86 m.w.N.
23 AG Hannover zfs 1983, 363.
24 LG Mosbach VersR 1983, 571 = zfs 1983, 238 m.w.N.; AG Köln zfs 1981, 14 m.w.N.

§ 11 Verdienstausfall

Ist ein Verdienstausfall nicht auf einen Personenschaden, sondern auf Beschädigung eines Kraftfahrzeuges zurückzuführen, kann ein möglicher Verdienstausfall in der Regel durch Anmietung eines gleichwertigen **Ersatzfahrzeuges** vermieden werden.[1]

Insoweit kann auf die Ausführungen zur Schadenminderungspflicht bei Inanspruchnahme eines Mietwagens verwiesen werden.

Bei größeren Betrieben, öffentlichen Verkehrsbetrieben, Mietwagenunternehmen oder Unternehmen mit Spezialfahrzeugen kann der Ausfall eines Fahrzeuges in der Regel durch den Einsatz eines in der **Betriebsreserve** befindlichen Fahrzeuges ausgeglichen werden. Stehen solche Reservefahrzeuge nicht zur Verfügung und droht ein unverhältnismäßig hoher Schaden, kann der Geschädigte verpflichtet sein, ein entsprechendes **Ersatzfahrzeug anzumieten,** wenn dessen Kosten nicht unverhältnismäßig hoch zu dem zu befürchtenden Verdienstausfall sind.[2]

Zur Schadenminderungspflicht des Geschädigten gehört es auch, Aufträge **nachzuholen** oder auf die Dienste eines **Fremdunternehmens** zurückzugreifen.[3]

---

1 *Himmelreich / Klimke / Bücken,* Rn 1741 ff. m.w.N.
2 *Himmelreich / Klimke / Bücken,* Rn 1845 ff. m.w.N.
3 *Himmelreich / Klimke / Bücken,* Rn 1850, 1851.

§ 12 Rechtsschutzversicherungen

1. Bedeutung der Rechtsschutzversicherung

1 Rund 70% aller Autofahrer sind rechtsschutzversichert. Die Rechtsschutzversicherung ist eine Schadenversicherung und unterliegt den für die gesamte Schadenversicherung geltenden Bestimmungen des VVG. Die meisten Rechtsschutzversicherer, insbesondere die Spezialversicherer (DAS und ARAG) verstehen sich gleichwohl als „Rechtsbesorger", die auf ihre Versicherungsnehmer bei Begründung und Abwicklung des Anwaltsvertrages Einfluss nehmen wollen. Gegen den heftigen Widerstand des Deutschen Anwaltvereins heißt es auch in § 1 ARB 94, dass Gegenstand der Rechtsschutzversicherung die „Rechtsbesorgung" im Schadenfall sei.

2 Rühmliche Ausnahme ist die **AdvoCard-Rechtsschutzversicherungs AG**, die mit der und für die freie Anwaltswahl wirbt. Diese Rechtsschutzversicherung will auch bei Begründung und Abwicklung des Anwaltsvertrages keinerlei Einfluss nehmen. Diese Gesellschaft verzichtet auf sämtliche Informationen über den Verlauf der Regulierungsverhandlungen, mit dieser Gesellschaft müssen auch keine kostenauslösenden Maßnahmen (Klageerhebung, Rechtsmittel) abgestimmt werden. Die AdvoCard-Rechtsschutzversicherungs AG trägt in Unfallsachen auch die Kosten eines **Sachverständigengutachtens** über die Schadenhöhe, es muss sich jedoch um einen öffentlich bestellten und vereidigten Sachverständigen handeln, der beauftragt wird.

2. Anzeigepflicht

3 Zwar soll auch Rechtsschutzversicherungen jeder Schadenfall unverzüglich gemeldet werden. Bei klarer Sach- und Rechtslage ist eine Schadenanzeige jedoch nicht sinnvoll und erforderlich, insbesondere dann, wenn es nur um die Geltendmachung von Schadenersatzansprüchen geht.

Die Anzeigepflicht gilt für die Rechtsschutzversicherung eingeschränkt. Der Versicherungsnehmer hat den Versicherer nicht nach jedem Versicherungsfall zu unterrichten, sondern erst dann, wenn es aufgrund eines Versicherungsfalles seine Rechtsschutzversicherung in Anspruch nehmen will.[1]

3. Wartezeit (§ 4 ARB 94)

Grundsätzlich besteht eine Wartezeit von drei Monaten seit Abschluss des Versicherungsvertrages, **außer**
- für die **Geltendmachung** von Schadenersatzansprüchen aufgrund gesetzlicher Haftungsbestimmungen
- für die **Verteidigung** in Straf- und OWi-Sachen.

In **Unfallsachen** kommt somit eine Wartezeit nicht in Betracht, so dass ab Vertragsschluss Versicherungsschutz besteht.

4. Obliegenheiten (§ 17 ARB 94)

Zu den wichtigsten Obliegenheiten des Versicherungsnehmers gehört es,
- den Versicherer **unverzüglich** vollständig und wahrheitsgemäß über sämtliche Umstände des Versicherungsfalles zu **unterrichten**,
- **kostenauslösende Maßnahmen** mit dem Rechtsschutzversicherer **abzustimmen**.

5. Unfallflucht

Da Unfallflucht nur vorsätzlich begangen werden kann, besteht generell kein Versicherungsschutz im Bereich der Rechtsschutzversicherung. Der Rechtsschutzversicherer muss jedoch zunächst Versicherungsschutz gewähren, da er erst leistungsfrei wird, wenn eine rechtskräftige Verurteilung erfolgt. Es besteht somit **auflösend bedingt** Versicherungsschutz.

In derartigen Fällen empfiehlt es sich, den anwaltsüblichen Gebühren- und Kostenvorschuss beim Rechtsschutzversicherer anzufordern. Wenn dann gleichwohl eine Verurteilung erfolgt, kann der Rechtsschutzversicherer zwar seine Leistung zurückfordern, nicht jedoch vom beauftragten Rechtsanwalt,

---

1 *Harbauer/Bauer*, § 15 ARB 75 Rn 6.

sondern vom Versicherungsnehmer, da dieser von seiner Zahlungspflicht befreit worden ist.

6. Kostenbeteiligung bei der Unfallregulierung

8 Bei den Rechtsanwaltsgebühren ist bekanntlich zu unterscheiden zwischen dem Entstehen der Gebühr und der Erstattungsfähigkeit der Gebühr. In einzelnen Fällen kann im Innenverhältnis gegenüber dem Mandanten ein höherer Gebührenanspruch entstehen als der Erstattungsanspruch gegenüber dem Versicherer besteht. In derartigen Fällen kann der **Differenzbetrag** gegenüber dem Rechtsschutzversicherer geltend gemacht werden.[2]

---

2 *Harbauer/Bauer*, § 2 AKB 75 Rn 229.

§ 13 Klageerhebung

1. Mahnbescheid

Wenn die außergerichtlichen Regulierungsverhandlungen gescheitert sind, sollte unverzüglich Klage erhoben werden. Die Beantragung eines **Mahnbescheides** ist nicht nur umständlich, sie dient auch keineswegs der Beschleunigung, sondern allenfalls der **Verzögerung**: Haftpflichtversicherer legen immer Widerspruch gegen einen Mahnbescheid ein, auch dann, wenn sie regulierungsbereit sind.

2. Prozessparteien

Auf der Klägerseite findet man in der Regel den unmittelbar Geschädigten, den **Halter** des beschädigten Fahrzeuges. Sind keine Unfallzeugen vorhanden, kann der Geschädigte seine Ansprüche an einen Dritten abtreten und dann in eigener Sache als Zeuge aussagen. Dieser „Verfahrenstrick" ist zulässig, insbesondere ist auch die nur zu diesem Zweck erfolgte Abtretung wirksam. Zwar wird in einem derartigen Rechtsstreit, in dem die eigentliche Prozesspartei als Zeuge präsentiert wird, die Zeugenaussage in der Regel nur wie eine Parteierklärung gewertet. Gleichwohl kann auf diese Weise erreicht werden, dass über den Unfallhergang Beweis erhoben wird.

Auf der Beklagtenseite findet man zunächst den **Pflichthaftpflichtversicherer**, gegen den aufgrund von § 3 Pflichtversicherungsgesetz ein Direktanspruch besteht. Da der Pflichthaftpflichtversicherer ebenso wie Halter und Fahrer, also für Gefährdungshaftung und Verschuldenshaftung einzutreten hat, genügt es in der Regel, bei Streit über die Schadenhöhe, die Klage nur gegen den Haftpflichtversicherer zu richten.

Bei Streit über den Haftungsgrund sollte auch der **Fahrer** mitverklagt werden, damit er nicht im Haftpflichtprozess als Zeuge aussagen kann.

Demgegenüber ist es ebenso **überflüssig** wie häufig, die Klage auch gegen den **Halter** zu richten.

§ 13 Klageerhebung

In der Regel ist es unnötig und sogar **schädlich**, die Klage gegen den **Halter** zu richten. Wird der Halter mitverklagt, kann er im Wege der **Drittwiderklage** seine eigenen Ansprüche geltend machen und dann diese Drittwiderklage auf den Fahrer des klägerischen Fahrzeuges ausdehnen, der oft der einzige Zeuge ist.

6 Die routinemäßig auf den Halter ausgedehnte Klage wird oft damit begründet, dass man befürchtet, der Haftpflichtversicherer sei im Innenverhältnis gegenüber dem Versicherungsnehmer leistungsfrei. Hierzu heißt es jedoch in § 158c VVG:

> „Ist der Versicherer von der Verpflichtung zur Leistung dem Versicherungsnehmer gegenüber ganz oder teilweise frei, so bleibt gleichwohl seine Verpflichtung in Ansehung des Dritten bestehen."

7 Nur in ganz seltenen Ausnahmen ist die Klageerweiterung auf den Halter sinnvoll, wenn
- dieser **Beifahrer** war und somit als Zeuge in Betracht kommt,
- der Versicherer wegen **vorsätzlicher** Herbeiführung des Unfalls (§ 152 VVG) leistungsfrei sein könnte,
- der Versicherer nur im Rahmen der **Mindestversicherungssumme** haftet (§ 158c Abs. 3 VVG).

3. Gerichtsstand

8 Fahrer, Halter und Pflichtversicherer können gemeinsam am Gerichtsstand des Unfallortes direkt verklagt werden (§ 32 ZPO, § 20 StVG, § 3 Nr. 1. PflVG). Es besteht nur einfache Streitgenossenschaft, so dass auch jeweils eine gesonderte Klage gegen den Fahrer, Halter und Pflichtversicherer möglich ist. Es kommen somit **fünf Gerichtsstände** in Betracht:
- Gerichtsstand des **Unfallortes** (§ 32 ZPO),
- allgemeiner Gerichtsstand des **Halters** (§§ 12, 13 ZPO),
- allgemeiner Gerichtsstand des **Fahrers** (§§ 12, 13 ZPO),
- allgemeiner Gerichtsstand des **Pflichtversicherers** (§§ 12, 17 ZPO),
- Gerichtsstand der zuständigen **Niederlassung** des Haftpflichtversicherers (§ 21 ZPO).

Bei **streitigem Unfallhergang** bietet es sich an, den Gerichtsstand des Unfallortes (**§ 32 ZPO**) zu wählen, da hier Fahrer und Versicherer einen gemeinsamen Gerichtsstand haben. 9

Ist nur die **Schadenhöhe** streitig, kann einer der vorgenannten fünf Gerichtsstände nach Zweckmäßigkeitsgesichtspunkten ausgewählt werden. In allen Fällen empfiehlt es sich, den Pflichtversicherer, wenn die Klage nicht gegen ihn gerichtet ist, zu informieren. 10

4. Beweisführung

Im Unfallprozess gilt die allgemeine Regel der ZPO, dass jede Prozesspartei die für sie günstigen Umstände beweisen muss, der Kläger die rechtsbegründenden, der Beklagte die rechtshindernden Tatbestandsmerkmale.[1] 11

Wenn der Beklagte sich auf ein **Mitverschulden** des Klägers beruft, ist der Beklagte beweispflichtig. 12

Soweit der Beweis für den **Haftungsgrund** zu führen ist, gilt der **Strengbeweis** gemäß § 286 ZPO (haftungsbegründende Kausalität).[2] Für den Nachweis der **Schadenhöhe** reicht der Freibeweis gemäß § 287 ZPO (haftungsausfüllende Kausalität). 13

Das Gericht entscheidet über die Schadenhöhe „unter Würdigung aller Umstände nach freier Überzeugung". Der Kläger ist lediglich verpflichtet, für diese Schadenschätzung die notwendigen Anhaltspunkte zu liefern.[3] 14

Der Beweis über die Schadenhöhe kann auch durch die Beantragung der **eigenen Parteivernehmung des Klägers** geführt werden (§ 287 Abs. 1 S. 3 ZPO).

Oft versucht ein Unfallgeschädigter, **Altschäden** dem Unfallgeschehen zuzuordnen und in die Schadenberechnung einzubeziehen. In derartigen Fällen muss die Klage **insgesamt** der Abweisung unterliegen, da es nicht Aufgabe 15

---

1 BGH NJW 1991, 1052.
2 BGH SP 2004, 40.
3 BGH NJW 1992, 2753.

des Gerichts ist, durch Beweisaufnahme zu klären, welche Schäden dem Unfallgeschehen zuzuordnen sind.[4]

16 Dem Kläger können auch wegen kompatibler Schäden keine Zahlungsansprüche zugesprochen werden, da es möglich ist, dass auch die kompatiblen Schäden durch Vorschäden verursacht worden sind.[5]

---

4 OLG Köln SP 1999, 228 = DAR 1999, 406; KG SP 2000, 311; OLG Hamburg MDR 2001, 1111; OLG Frankfurt VersR 2002, 476; OLG Hamburg SP 2003, 100; OLG Nürnberg DAR 2003, 559; LG Wiesbaden SP 2003, 205.

5 OLG Köln VersR 1999, 865; OLG Hamburg r+s 2001, 455; OLG Frankfurt zfs 2005, 69.

§ 14 Entschädigungsfonds (§ 12 PflVG)

Um den Schutz der Verkehrsunfallopfer möglichst lückenlos zu gestalten, ist gemäss § 12 PflVG ein Entschädigungsfonds gebildet worden, der insbesondere dann eintritt, wenn

- das schädigende Fahrzeug **nicht ermittelt** werden kann,
- eine Haftpflichtversicherung überhaupt **nicht besteht**,
- die Haftpflichtversicherung wegen **Vorsatz** (§ 152 VVG) nicht einzutreten braucht.

Der Anspruch gegen den Entschädigungsfonds besteht nur **subsidiär**, wenn weder gegen den Halter, den Eigentümer oder den Fahrer noch aus dem Gesichtspunkt der Amtspflichtverletzung Schadenersatzansprüche durchgesetzt werden können. Bei **Unfallflucht** des Schädigers ist der Leistungsanspruch nochmals **eingeschränkt**:

- **Schmerzensgeld** wird nur bei **besonderer Schwere** der Verletzung zur Vermeidung grober Unbilligkeit gezahlt,
- **Sachschäden** am Fahrzeug werden überhaupt **nicht** ersetzt, während für weitere Schäden ein Selbstbehalt von 500 EUR gilt.

Der Entschädigungsfonds wird von Beiträgen aller Kraftfahrzeugversicherer gespeist. Der Entschädigungsfonds wird von einem eingetragenen Verein verwaltet, an den auch Ansprüche zu richten sind:

> Verein Verkehrsopferhilfe e.V.
> Glockengießer Wall 1
> 20095 Hamburg 1

§ 15 Unfälle im Ausland

1 Bei Unfällen im Ausland[1] richten sich die Ersatzansprüche des Geschädigten nach den dort geltenden gesetzlichen Vorschriften (Tatortprinzip). Dieses **Tatortprinzip** gilt nicht, wenn beide Unfallbeteiligten ihren Wohnsitz in Deutschland haben und die beteiligten Fahrzeuge in Deutschland zugelassen und versichert sind; dann richten sich die Schadenersatzansprüche nach deutschem Recht.[2] Für die Beurteilung der Schuldfrage sind jedoch die Verkehrsvorschriften am Unfallort maßgeblich.[3] Die Besonderheiten für Schadenersatzansprüche nach Kfz-Unfällen in Italien, Belgien, Skandinavien und England werden dargestellt in den Aufsätzen von *Backu, Lentz, Neidhart, Resch*.[4]

2 Der Bundestag hat mit Wirkung zum 1.1.2003 die 4. KH-Richtlinie der Europäischen Union in nationales Recht umgesetzt. Diese Richtlinie soll zu einer Erleichterung der Abwicklung von Unfallschäden im Ausland beitragen[5] und im Interesse des Verbraucherschutzes Schwierigkeiten nach einem Verkehrsunfall im Ausland minimieren.[6]

3 Die Richtlinie sieht hierzu vier Maßnahmen vor:
- Jeder Mitgliedsstaat der EU hat eine **zentrale Auskunftsstelle** einzurichten, die alle Daten und Informationen zur Verfügung stellt, die zur Regulierung von Schadenersatzansprüchen aus einem Verkehrsunfall benötigt werden. Wenn z.B. ein deutscher Geschädigter nur das ausländische Kennzeichen des Fahrzeuges des Unfallgegners kennt, sagt ihm die deutsche Auskunftsstelle, wer der konkrete Versicherer oder dessen Beauftragter für die Schadenregulierung ist (§ 8 a PflVG).
- Jede Versicherung hat einen zuständigen **Schadenregulierungsbeauftragten** in jedem Mitgliedsstaat der Europäischen Union zu benennen, an den sich Betroffene ohne Sprachbarriere wenden können (§ 3 a PflVG).

---

1 Vgl. *Ziegert*, zfs 2000, 5; Neidhart, Unfall im Ausland, Bd. 1: Ost-Europa, 5. Aufl. 2005.
2 BGH zfs 1992, 363.
3 BGH r+s 1996, 176; NJW-RR 1996, 732.
4 DAR 2003, 337 ff.
5 *Notthoff*, zfs 2003, 105 ff.
6 *Riedmeyer*, DAR 2004, 203.

Unfälle im Ausland § 15

- Die Versicherungen müssen Schäden aus Verkehrsunfällen im Ausland unverzüglich, spätestens aber innerhalb einer Frist von **drei Monaten** regulieren. Gelingt das nicht, müssen sie das dem Geschädigten gegenüber mit Gründen schriftlich mitteilen.
- Nach Ablauf der Frist reguliert eine **Entschädigungsstelle** den Schaden und rechnet mit der zuständigen ausländischen Versicherung ab.

In Deutschland ist zentrale Auskunftsstelle der bereits vorhandene 4

Zentralruf der Autoversicherer
Telefon: 0180 / 25026
Telefax: 040 / 33965401.

Die Aufgaben der gesetzlichen Entschädigungsstelle für Auslandsunfälle wer- 5
den wahrgenommen gemäß § 13 a PflVG von dem

Verein Verkehrsopfer e.V.
Glockengießerwall 1
20095 Hamburg 1
Telefon: 040 / 301800

§ 16 Inlandunfälle mit Auslandsbeteiligung

1   Bei Verkehrsunfällen in Deutschland, an denen ein Ausländer beteiligt ist, richten sich die Schadenersatzansprüche nach dem **Pflichtversicherungsgesetz**, wenn die Haftpflichtversicherung des Ausländers dem sogenannten „**Grüne-Karte-System**" angeschlossen ist. Dies ist bei den meisten europäischen Ländern der Fall.

2   Bei Unfällen im Inland richtet sich dann der Direktanspruch gegen das Deutsche Büro Grüne Karte e.V. nach deutschem Haftpflichtrecht und deutschem Versicherungsrecht.

3   Das Deutsche Büro Grüne Karte e.V. beauftragt in der Regel einen inländischen Versicherer mit der Schadenregulierung. **Aber:** Passivlegitimiert bleibt für Klagen allein das Deutsche Büro Grüne Karte e.V., nicht etwa der mit der Schadenregulierung beauftragte inländische Versicherer. Die Anschrift lautet:

   Deutsches Büro Grüne Karte e.V.
   Glockengießer Wall 1
   20095 Hamburg 1

§ 17 Verjährung

§ 14 StVG verweist auf die Verjährung von Ansprüchen aus diesem Gesetz auf § 852 BGB a.F., so dass für beide Anspruchsgrundlagen von einer **einheitlichen Verjährungsfrist von drei Jahren** auszugehen ist. 1

Durch das Gesetz zur Modernisierung des Schuldrechts vom 26.11.2001 ist das Verjährungsrecht neu geregelt worden. § 852 Abs. 1 BGB a.F., der die Verjährungsfrist und den Verjährungsbeginn von Ansprüchen auf Ersatz des aus einer unerlaubten Handlung entstandenen Schadens regelte, ist aufgehoben. Insoweit unterliegen die Deliktsansprüche der Regelverjährung der §§ 195, 199 BGB, die inhaltlich § 852 Abs. 1 BGB a.f. entsprechen. 2

Nach Artikel 229 § 6 EGBGB findet das neue Verjährungsrecht auf alle am 1.1.2002 bestehenden und noch nicht verjährten Ansprüche Anwendung. 3

Für die am 1.1.2002 bereits verjährten Ansprüche gilt das bisherige Verjährungsrecht unverändert. Wenn bei einem vor dem 1.1.2002 verjährten Anspruch die Verjährungseinrede nach dem 1.1.2002 erhoben wird, richtet sich die Wirkung der Einrede zwar nach neuem Recht; dieses stimmt aber insoweit mit den §§ 222 ff. BGB a.F. überein. 4

Hinweis
Für die Berechnung der Verjährungsfristen ist daher zunächst zu prüfen, ob der Anspruch bereits nach altem Recht am 1.1.2002 verjährt war. Ist dies nicht der Fall, gelten die Übergangsbestimmungen zum Verjährungsrecht aus Artikel 229 § 6 EGBGB.

Für Schadenersatzansprüche, die nach dem 1.1.2002 entstanden sind, gilt uneingeschränkt das neue Verjährungsrecht. 5

§ 18 Ausschlussfrist

1 Nach § 15 StVG muss ein Unfall innerhalb von zwei Monaten dem Ersatzpflichtigen angezeigt werden. Diese Anzeige ist nur dann erforderlich, wenn der Ersatzpflichtige nicht „auf andere Weise von dem Unfall Kenntnis erhalten hat" (§ 15 S. 2 StVG). In der Praxis ist die Vorschrift von geringer Bedeutung, da sie nur dann eingreift, wenn der Verursacher den Schaden selbst nicht bemerkt hat.

> *Beispiel*
> Der Fahrgast eines Reisebusses, der durch ein Bremsmanöver verletzt wird, meldet den Schaden nicht dem Busfahrer, sondern erst vier Monate später dem Pflichthaftpflichtversicherer.

2 Die Ausschlussfrist von § 15 StVG beginnt mit dem Zeitpunkt, in dem der Berechtigte vom Schaden und vom Ersatzpflichtigen Kenntnis erhält. Insoweit gelten die gleichen Grundsätze wie zur Verjährung.

3 Es genügt eine **Anzeige** an den Haftpflichtigen, der Schaden muss nicht im Einzelnen spezifiziert und begründet werden.

4 Der Ersatzpflichtige, der sich auf die Ausschlussfrist beruft, muss **beweisen,** dass und wann der Berechtigte Kenntnis vom Schaden und von der Person des Schädigers erlangt hat; der Anspruchsteller muss dartun, dass die Ausschlussfrist eingehalten oder schuldlos versäumt wurde (§ 15 S. 2 StVG).

Anhang

I. Checkliste: Unfallregulierung

1. **Mandatsverhältnis**
   a) Vertretung von Fahrer und/oder Halter?
   b) Vertretung bei der Geltendmachung von Schadenersatzansprüchen?
   c) Vertretung im Ermittlungsverfahren/Bußgeldverfahren?
   d) Liegt der ausgefüllte Unfallfragebogen vor?
   e) Besteht eine Rechtsschutzversicherung?
   f) Vollmacht, Strafprozessvollmacht, Entbindung von der ärztlichen Schweigepflicht?

2. **Unfallhergang**
   a) Polizeiliche Unfallaufnahme?
   b) Personenschaden?
   c) Unfallzeugen?
   d) Erfolgsaussichten?

3. **Hinweis auf die allgemeine Schadenminderungspflicht**
   a) Ist zügiger Reparaturauftrag bzw. unverzügliche Ersatzbeschaffung gewährleistet?
   b) Ist ein Mietwagen wirklich erforderlich?
   c) Ist eine Kreditaufnahme erforderlich?

4. **Die einzelnen Schadenpositionen**
   a) Ist ein Sachverständiger beauftragt?
   b) Reparaturauftrag oder Totalschaden?
   c) Mietwagen oder Nutzungsausfall?
   d) Ist es sinnvoll, die Vollkaskoversicherung in Anspruch zu nehmen?
   e) Kann der Glasschaden bei der Teilkaskoversicherung geltend gemacht werden?

5. **Personenschaden**
   a) Liegt ein ärztliches Attest vor?
   b) Ist mit Verdienstausfall zu rechnen?
   c) Kann (fiktiver) Haushaltsführungsschaden geltend gemacht werden?

6. Geltendmachung der Ansprüche
a) Ist der gegnerische Haftpflichtversicherer bekannt?
b) Ist das amtliche Kennzeichen des Unfallgegners bekannt (Zentralruf)?
c) Welche Schadenbelege sind vorhanden?
d) Welche Schadenbelege müssen beschafft werden?

II. Unfallfragebogen[1]

Fragebogen für Anspruchsteller

Dieses Formular beruht auf einer zwischen dem GDV und dem Deutschen Anwaltverein getroffenen Vereinbarung. Rechnungen und sonstige Belege sind beizufügen!

Aktenzeichen des Versicherers: _____

Aktenzeichen des Anspruchstellers: _____

1.1 Name des Anspruchstellers: _____ Berufliche Tätigkeit: _____
1.2 Anschrift: _____ Tel.: _____
1.3 Konto-Nr.: _____ bei: _____ BLZ: _____
Kontoinhaber: _____
1.4 Fahrer: _____

2.1 Name des Versicherungsnehmers: _____
2.2 Anschrift: _____ Tel.: _____
2.3 Versichert bei: _____ 2.4 Policen-Nr.: _____
2.5 Amtliches Kennzeichen: _____ 2.6 Name des Fahrers: _____
2.7 Anschrift des Fahrers: _____ Tel.: _____

3.1 Unfallort: _____ Unfalltag: _____ Unfallzeit: _____
3.2 Genaue Unfallschilderung mit Skizze (ggf. auf einem besonderen Blatt): _____

3.3 Andere am Unfall beteiligte Verkehrsteilnehmer (Name, Anschrift, amtliches Kennzeichen des Fahrzeugs): _____
3.4 Name und Anschrift der Unfallzeugen: _____
3.5 Welche Polizeidienststelle hat den Unfall aufgenommen? _____

4. BEI ANSPRÜCHEN WEGEN SACHSCHÄDEN
4.1 Was wurde beschädigt? _____
4.2 Wer ist Eigentümer der beschädigten Sache, evtl. Leasinggeber? _____
4.3 Vorsteuerabzugsberechtigt? Ja ❏ Nein ❏
4.4 Voraussichtliche Höhe der unfallbedingten Wiederherstellungskosten (Gutachten, Kostenvoranschlag, Rechnung pp.): _____
4.5 Die beschädigte Sache kann besichtigt werden bei: _____ Tel.: _____

5. Bei beschädigten Kraftfahrzeugen
5.1 Art: _____ Hersteller: _____ Typ: _____
Fzg.Identnr.: _____ Hubraum: _____ kW: _____
Amtl. Kennz.: _____ Erstzulassung: _____ Km-Stand: _____
5.2 Durch welche Gesellschaft (Geschäftsstelle) und unter welcher Policen-Nr. war das Fahrzeug zur Zeit des Unfalls versichert? _____
Haftpflichtversicherung: _____
Vollkaskoversicherung: _____ Selbstbeteiligung EUR: _____ Nr.: _____
Teilkasko-Versicherung: _____ Selbstbeteiligung EUR: _____ Nr.: _____
Rechtsschutz- / Verkehrsservice-Versicherung: _____ Nr.: _____

Vorstehende Angaben habe ich nach bestem Gewissen gemacht.

Ort / Datum _____ Unterschrift _____

---

[1] Bezugsquelle: Hans Soldan GmbH – Dienste für Anwälte, Bocholder Straße 259, 45356 Essen; www.soldanshop.de.

Anhang

6. BEI ANSPRÜCHEN WEGEN PERSONENSCHÄDEN

6.1 Name des Verletzten: _____
6.2 Anschrift: _____ Tel.: _____
6.3 Geburtsdatum: _____ Familienstand: _____ Zahl und Alter der Kinder: _____
6.4 Ausgeübter Beruf: _____ selbständig: Ja ❏ Nein ❏ Monatl. Nettoeinkommen EUR: _____
6.5 Name des Arbeitgebers: _____
6.6 Anschrift: _____ Tel.: _____
6.7 Bezieht der Verletzte unabhängig von diesem Unfall eine Rente? Ja ❏ Nein ❏ Von wem: _____ monatl. EUR: _____

7.1 Art und Umfang der Verletzung: _____
7.2 Sicherheitsgurte angelegt? Ja ❏ Nein ❏
7.3 Krankenhausaufenthalt von: _____ bis (voraussichtlich): _____
7.4 Name und Anschrift des Krankenhauses: _____
7.5 Ambulant behandelnde Ärzte: _____
7.6 Ist der Verletzte hauskrank geschrieben? Ja ❏ Nein ❏ Vom: _____ bis (voraussichtlich): _____
7.7 Welcher Krankenkasse gehört der Verletzte an? _____
7.8 Lag Berufsunfall vor bzw. ereignete sich der Unfall auf dem Weg von oder zu der Arbeit? Ja ❏ Nein ❏
7.9 Welche Berufsgenossenschaft ist zuständig? _____
7.10 Ist der Verletzte gesetzlich rentenversichert? Ja ❏ Nein ❏
7.11 Bei welcher Anstalt? _____

Zur Beurteilung des von mir gemachten Schadenersatzanspruches ist die Überprüfung von Angaben erforderlich, die ich zur Begründung meines Anspruches gemacht habe. Zu diesem Zweck befreie ich freiwillig Ärzte, Zahnärzte und Angehörige anderer Heilberufe sowie Bedienstete von Krankenhausanstalten, die an der Heilbehandlung beteiligt waren und sind, von ihrer Schweigepflicht, und zwar auch über meinen Tod hinaus. Ja ❏ Nein ❏	Vorstehende Angaben habe ich nach bestem Gewissen gemacht. Ort/Datum/Unterschrift

III. Schaubilder zur Schadensberechnung bei Inanspruchnahme der Vollkaskoversicherung

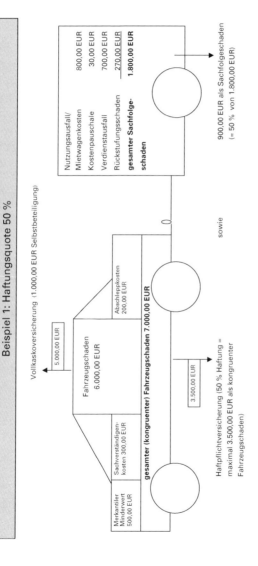

Anhang

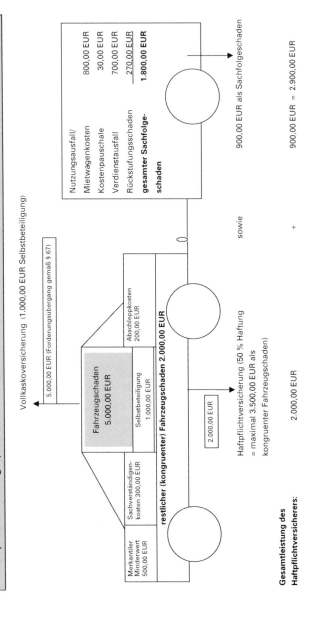

Quotenvorrecht/Differenztheorie
Beispiel 2: Haftungsquote 20 %

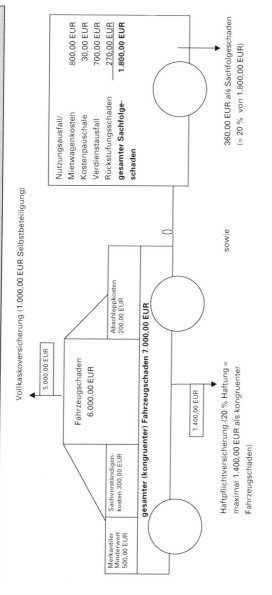

Anhang

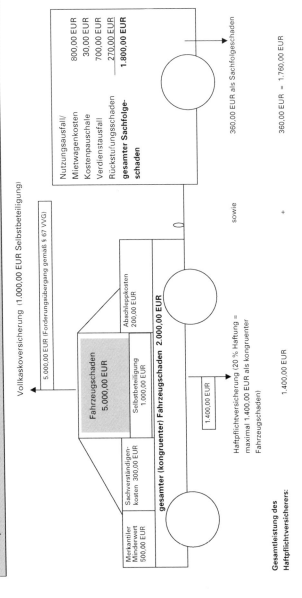

Quotenvorrecht/Differenztheorie

Differenzberechnung

Haftungsquote 50 %		Haftungsquote 20 %	
Fahrzeugschaden	6.000 EUR	Fahrzeugschaden	6.000 EUR
Merkantiler Minderwert	500 EUR	Merkantiler Minderwert	500 EUR
Sachverständigenkosten	300 EUR	Sachverständigenkosten	300 EUR
Abschleppkosten	+ 200 EUR	Abschleppkosten	+ 200 EUR
	7.000 EUR => Anspruch gegen den Haftpflichtversicherer (maximal 3.500 EUR)		7.000 EUR => Anspruch gegen den Haftpflichtversicherer (maximal 1.400 EUR)
Leistung des Vollkaskoversicherers (Selbstbeteiligung 1.000 EUR)	− 5.000 EUR	Leistung des Vollkaskoversicherers (Selbstbeteiligung 1.000 EUR)	− 5.000 EUR
verbleibende Differenz 2.000 EUR (Restschaden)		**verbleibende Differenz 2.000 EUR (Restschaden)**	
ERGEBNIS: Der kongruente Fahrzeugschaden wird voll ersetzt.		**ERGEBNIS: Der kongruente Fahrzeugschaden wird nicht voll ersetzt.**	
Leistung des Vollkaskoversicherers:	5.000 EUR	Leistung des Vollkaskoversicherers:	5.000 EUR
Leistung des Haftpflichtversicherers	+ 2.000 EUR	Leistung des Haftpflichtversicherers	+ 1.400 EUR
	7.000 EUR		6.400 EUR

Anhang

IV. Merkblatt[1] zur Bearbeitung von Auto-Haftpflichtschäden durch den Verein Deutsches Büro Grüne Karte und den Verein Verkehrsopferhilfe sowie über die Möglichkeiten der Hilfestellung des Deutschen Büros Grüne Karte bei Schadenfällen im Ausland

Im Normalfall ist der jeweilige Auto-Haftpflichtversicherer des Unfallgegners für die Schadenregulierung zuständig. Im Folgenden geben wir Hinweise für die Schadenregulierung in Sonderfällen.

I. Deutsches Büro Grüne Karte e.V.

Ansprüche aus Auto-Haftpflichtschadenfällen in Deutschland, die durch ein im Ausland zugelassenes Kraftfahrzeug verursacht wurden, können – außer gegen den Schädiger und den ausländischen Haftpflichtversicherer – auch gegen den Verein Deutsches Büro Grüne Karte geltend gemacht werden, sofern dieser nach § 2 des Gesetzes über die Haftpflichtversicherung für ausländische Kraftfahrzeuge und Kraftfahrzeuganhänger vom 24. Juli 1956 (AuslPflVersG) die Pflichten eines Haftpflichtversicherers übernommen hat. Das ist dann – aber auch nur dann – der Fall, wenn folgende Voraussetzungen erfüllt sind, die vom Anspruchsteller nachzuweisen sind:

1. Internationale Grüne Versicherungskarte

   Für das beteiligte Kraftfahrzeug war eine Grüne Karte ausgestellt. Dieser Nachweis ist zu erbringen bei Fahrzeugen aus folgenden Ländern:

   Albanien, Andorra, Bosnien-Herzegowina, Bulgarien, Iran, Israel, Marokko, Mazedonien, Moldawien, Rumänien, Serbien und Montenegro, Tunesien, Türkei, Ukraine und Weißrussland.

2. Amtliches Kennzeichen

   Auf der Basis des amtlichen Autokennzeichens besteht Deckungsschutz für Deutschland (§ 8 a PflversAusl). Dies gilt grundsätzlich für Fahrzeuge aus folgenden Ländern:

   Belgien, Dänemark, Estland, Finnland, Frankreich, Griechenland, Großbritannien, Irland, Island, Italien, Kroatien, Lettland, Liechtenstein, Litauen, Luxemburg, Malta, Monaco, Niederlande, Norwegen, Österreich, Polen, Portugal, Schweden, Schweiz, Slowakische Republik, Slowenien, Spanien, Tschechische Republik, Ungarn und Zypern.

---

1 Quelle: http://www-gruene-karte.de. Abgedruckt mit freundlicher Genehmigung durch den Verein Deutsches Büro Grüne Karte e.V. und den Verein Verkehrsopferhilfe e.V.

Merkblatt Deutsches Büro Grüne Karte e.V./Verkehrsopferhilfe e.V.

3. Schadenmeldung und Schadenregulierung

3.1 In der ersten Fallgruppe (s.o. 1) sind in der formlosen Schadenmeldung folgende Angaben erforderlich, ohne die eine Schadenbearbeitung nicht möglich ist:

- Vorlage der Grünen Karte (Doppel der Grünen Karte oder Kopie des Dokumentes). Kann das Dokument selbst nicht vorgelegt werden, möglichst vollständige Angaben aus der Grünen Karte einschließlich des Gültigkeitszeitraumes

- Namen und Anschriften der am Schadenfall unmittelbar Beteiligten,

- Unfallort,

- Unfalldatum

3.2 In der zweiten Fallgruppe (s.o. 2.) sind in der formlosen Schadenmeldung folgende Angaben erforderlich:

- amtliches Kennzeichen des Schädigerfahrzeugs,

- Namen und Anschriften der am Schadenfall unmittelbar Beteiligten,

- Unfallort,

- Unfalldatum,

- möglichst Namen des ausländischen Haftpflichtversicherers und die Versicherungsschein-Nummer,

- möglichst Marke und Typ des Schädigerfahrzeuges.

Soweit die Eintrittspflicht des Deutschen Büros Grüne Karte e.V. gegeben ist, wird ein hiesiges Versicherungsunternehmen oder ein Schadenregulierungsbüro den Schadenfall im Auftrag des Deutschen Büros Grüne Karte e.V. regulieren.

3.3 Wichtige Hinweise:

Das vom Deutschen Büro Grüne Karte e.V. mit der Regulierung beauftragte Versicherungsunternehmen oder Schadenregulierungsbüro ist im Falle eines Gerichtsverfahrens nicht der richtige Beklagte. Passivlegitimiert ist das Deutsche Büro Grüne Karte e.V.

Sofern es dem Geschädigten nicht möglich ist, die unter Ziff. 1 bzw. 2 genannten Angaben zu liefern, ist der Verein Deutsches Büro Grüne Karte nicht eintrittspflichtig und auch nicht passivlegitimiert.

Das Deutsche Büro Grüne Karte e.V. ist – allerdings ohne dazu verpflichtet zu sein – bereit, bei der Ermittlung fehlender Angaben behilflich zu sein. Die Ermittlung der notwendigen Angaben im Ausland ist teilweise schwierig und langwierig. Je mehr Angaben vorliegen, desto größer sind die Erfolgsaussichten, die noch fehlenden Daten

Anhang

zu ermitteln. Solange die notwendigen Angaben fehlen, sind Schadenersatzansprüche gegen das Deutsche Büro Grüne Karte e.V. nicht durchsetzbar.

In diesem Fall bleibt lediglich die Möglichkeit, gegen den Schädiger bzw. seinen ausländischen Versicherer direkt vorzugehen.

In diesem Zusammenhang wird verwiesen auf die Ausführungen von Schmitt in VersR 70, 497.

II. Gemeinschaft der Grenzversicherer

Ist der Schädiger bei der Gemeinschaft der Grenzversicherer versichert (Rosa Grenzversicherungsschein), sind Schadenersatzansprüche unter Vorlage des Versicherungsscheins oder einer Kopie desselben bei der Gemeinschaft der Grenzversicherer anzumelden (gleiche Adresse wie das Deutsche Büro Grüne Karte e.V.).

Die formlose Schadenmeldung sollte folgende Angaben enthalten:

- Namen und Adressen der Beteiligten

- Unfallort

- Unfalldatum (mit Uhrzeit)

Ist die Vorlage des Rosa Grenzversicherungsscheins selbst oder in Kopie nicht möglich, so sind zumindest Nummer und Gültigkeitsdauer des Versicherungsscheins sowie das amtliche Kennzeichen des Schädigerfahrzeugs anzugeben.

III. Verkehrsopferhilfe e.V. (VOH)

Die VOH leistet Schadenersatz bei Unfällen in Deutschland, wenn

- das Schädigerfahrzeug (nur Kraftfahrzeuge oder Anhänger) nicht zu ermitteln ist oder pflichtwidrig nicht oder nicht mehr haftpflichtversichert ist oder

- der Schaden vorsätzlich und widerrechtlich durch ein Kraftfahrzeug oder Anhänger verursacht wurde (§ 152 VVG) oder

- der Kraftfahrzeug-Haftpflichtversicherer des Verursachers zahlungsunfähig ist.

Die genauen Leistungsvoraussetzungen und der -umfang ergeben sich aus § 12 Pflichtversicherungsgesetz sowie den §§ 10 und 11 der Verordnung über den Entschädigungsfonds für Schäden aus Kraftfahrzeugunfällen vom 14. Dezember 1965 (BGBl I S. 2093), zuletzt geändert durch VO vom 17. Dezember 1994 (BGBl. I S. 3845).

Wichtig ist, dass bei Schäden durch nicht ermittelte Kraftfahrzeuge – und nur hier – für Sachschäden am Kraftfahrzeug und die daraus resultierenden Sachfolgeschäden keine Leistungspflicht des Entschädigungsfonds besteht. Sonstige Sachschäden (z.B. Gepäck, Kleidung, Ladung) werden nur erstattet, wenn und soweit sie über € 500,-- hinausgehen. Schmerzensgeldzahlungen erfolgen nur, wenn diese wegen der besonderen Schwere der Verletzung zur Vermeidung einer groben Unbilligkeit erforderlich sind.

Merkblatt Deutsches Büro Grüne Karte e.V./Verkehrsopferhilfe e.V.

IV. **Schadenfälle mit Fahrzeugen/Anhängern von in Deutschland stationierten ausländischen Streitkräften bzw. mit Privatfahrzeugen von Mitgliedern der ausländischen Streitkräfte, ihres zivilen Gefolges oder ihrer Angehörigen**

Zu unterscheiden ist danach, ob es sich um ein Fahrzeug der Truppen (Dienstfahrzeug) oder um ein Privatfahrzeug handelt.

1. Für Schadenfälle mit Dienstfahrzeugen der Truppen sind zuständig die Schadenregulierungsstellen des Bundes (SRB). Die Aufgaben der SRB werden von den Oberfinanzdirektionen (OFD) nach regionalen Gesichtspunkten wahrgenommen. Im einzelnen sind dies die OFD in Erfurt, Koblenz, Magdeburg und Nürnberg

   Schadenfälle sind innerhalb von 3 Monaten anzumelden!

2. Für Schadenfälle mit Privatfahrzeugen ist zuständig der jeweilige Auto-Haftpflichtversicherer des Fahrzeugs.

   Die Registrierung und Zulassung privater Kfz und Anhänger von Truppenangehörigen erfolgt durch die zuständigen Militärbehörden der Truppen. Bei diesen sind Auskünfte über den zuständigen Kfz-Haftpflichtversicherer des Unfallgegners zu erhalten.

   Es handelt sich um folgende Institutionen:

   Für amerikanische Kraftfahrzeuge:
   Amerikanische Zulassungsstelle
   Havellandstr. 335
   68309 Mannheim

   Für belgische Kraftfahrzeuge:
   Belgischer Verbindungsdienst
   Germanicusstrasse 5
   50968 Köln

   Für britische Kraftfahrzeuge:
   Police Advisory Branch
   York Drive 5
   41179 Mönchengladbach

   Für französische Kraftfahrzeuge:
   Antenne de Commandement
   des Forces Françaises et de l'Elément Civil
   Stationnés en Allemagne
   SAJJ
   Postfach 19 62
   78159 Donaueschingen

   Eine Besonderheit bei den Privatfahrzeugen der Truppenangehörigen besteht insofern, als diese auch bei einem Versicherer im Entsendestaat, also bei einem ausländischen Versicherer versichert sein können. Nach Art. 11 des Zusatzabkommens zum NATO-Truppenstatut ist dafür Voraussetzung, dass neben diesem ausländischen Versicherer ein in Deutschland zum Geschäftsbetrieb befugter Versicherer oder ein Verband solcher Versicherer die Pflichten eines Haftpflichtversicherers für Schadenfälle im Bundesgebiet übernommen hat.

Anhang

Schadenfälle können beim Deutschen Büro Grüne Karte e.V. angemeldet werden, wenn für das Fahrzeug des Unfallgegners eine Grüne Versicherungskarte des ausländischen Versicherers vorgelegt werden kann. Für Privatfahrzeuge der Truppenangehörigen aus Belgien, Großbritannien und Frankreich reicht allerdings die Angabe des amtlichen Kennzeichens aus.

V. Schadenfälle deutscher Autofahrer im Ausland

1. Allgemeines

   Das Deutsche Büro Grüne Karte e.v. ist für im Ausland eingetretene Schadenfälle grundsätzlich nicht zuständig.

   Die Schadenersatzansprüche sind beim Haftpflichtversicherer des Unfallgegners geltend zu machen. Falls eine Rechtsschutzversicherung besteht, wird empfohlen, sich mit dem Rechtschutzversicherer in Verbindung zu setzen, der einen deutschsprachigen Rechtsanwalt benennen kann.

   Besteht keine Rechtsschutzversicherung kann der

   > Deutscher Anwaltverein e.V.
   > Littenstr. 11
   > 10179 Berlin
   > Tel.: 030 / 72 61 52 - 0
   > Fax: 030 / 72 61 52 - 190

   deutschsprachige Rechtsanwälte benennen. Zu beachten ist, dass die mit der Einschaltung eines Anwaltes verbundenen Kosten in einigen Ländern auch dann nicht vom gegnerischen Haftpflichtversicherer erstattet werden, wenn der Unfallgegner in vollem Umfang ersatzpflichtig ist.

2. Schadenfälle innerhalb der EU-Mitgliedstaaten einschließlich der EWR-Länder sowie der Schweiz

   Aufgrund der im Rahmen der EU-Richtlinie 2000/26/EG (4. KH-Richtlinie) geschaffenen „Regulierungsstellen" besteht die Möglichkeit, den Schadenfall auch bei dem im Wohnsitzland des Geschädigten bestellten Vertreter (Schadenregulierungsbeauftragten (SB)) des zuständigen ausländischen Haftpflichtversicherers anzumelden und von diesem die Schadenbearbeitung vornehmen zu lassen. Das gilt für alle Schadenfälle, die sich nach dem 1.1.2003 ereignet haben.

   a) Auskunftsstelle § 8 a) Pflichtversicherungsgesetz

   Auskunft darüber, wer in Deutschland der zuständige SB des in Betracht kommenden ausländischen Haftpflichtversicherers ist, kann die „Auskunftstelle" geben. Die Funktion der Auskunftstelle übernimmt in Deutschland die GDV-Dienstleistungs GmbH & Co. KG (Zentralruf der Autoversicherer).
   Telefon Nr.: 0180-25026.

   Ist der zuständige ausländische Versicherer noch nicht bekannt und muss dieser zunächst ermittelt werden, kann zu diesem Zweck ebenfalls der o.a. Zentralruf der Autoversicherer eingeschaltet werden.

Merkblatt Deutsches Büro Grüne Karte e.V./Verkehrsopferhilfe e.V.

Die Ermittlung des Haftpflichtversicherers und sonstiger gegebenenfalls für die Schadendurchführung notwendiger Angaben erfolgen durch die Zusammenarbeit mit der jeweiligen nationalen Auskunftstelle des Unfalllandes. Der Zentralruf der Autoversicherer stellt in diesem Falle lediglich die ihm übermittelten Daten zur Verfügung.

b) Entschädigungsstelle § 12 a) Pflichtversicherungsgesetz

Die Funktion der sog. „Entschädigungsstelle" in Deutschland wird wahrgenommen vom Verein Verkehrsopferhilfe e.v., Glockengießerwall 1, 20095 Hamburg, Telefon: 040 30 18 0-0.

Die Entschädigungsstelle ist im wesentlichen nur dann zuständig für die Schadenabwicklung des Auslandsunfalles in folgenden Situationen

- der zuständige ausländische Haftpflichtversicherer hat in Deutschland keinen SB bestellt

- der zuständige ausländische Haftpflichtversicherer und/oder dessen SB haben binnen drei Monaten ab der Geltendmachung von Entschädigungsleistungen keine mit Gründen versehene Antwort auf den Entschädigungsantrag erteilt

- das schädigende Kraftfahrzeug oder der zuständige Haftpflichtversicherer konnten binnen zwei Monaten nicht ermittelt werden.

Bei Vorliegen dieser Voraussetzungen kann der Antrag auf Schadenregulierung bei der Entschädigungsstelle gestellt werden. Die Entschädigungsstelle ist befugt, den Schadenfall eigenverantwortlich zu regulieren.

Die Regulierung des Schadenfalles erfolgt in der Regel nach dem Recht des Unfalllandes.

Wichtiger Hinweis:
Die Entschädigungsstelle ist nicht zuständig und kann nicht tätig werden, wenn die vom ausländischen Versicherer bzw. dessen Repräsentanten durchgeführte Schadenregulierung nicht zufriedenstellend ist bzw. Differenzen in der Beurteilung der Berechtigung der Forderungen bestehen.

Weiterhin wird darauf hingewiesen, dass weder der SB des ausländischen Haftpflichtversicherers noch die Entschädigungsstelle selbst passivlegitimiert sind und daher nicht direkt verklagt werden können. Verklagt werden kann ausschließlich der Schädiger sowie dessen (ausländischer) Haftpflichtversicherer.

3. Schadenfälle in Drittstaaten (außerhalb des EU-EWR-Raumes)

a) Das unter Ziffer 2 geschriebene Regulierungsverfahren kann auch dann zur Anwendung kommen, wenn der Schadenfall sich in einem nicht EU/EWR-Land ereignet hat. Voraussetzungen dazu sind

- die Fahrzeuge der Unfallbeteiligten haben ihren gewöhnlichen Standort in einem EU/EWR-Land und

- der Schadenfall ist in einem Land eingetreten, das dem Grüne Karte System angehört (Hinweise hierzu unter www.gruene-karte.de)

Anhang

b) In anderen Fällen kann auf der Grundlage des sog. „Besucherschutzabkommens" gegen Gebühr eine Hilfestellung des Deutschen Büros Grüne Karte in Betracht kommen.

aa) Diese eingeschränkte Möglichkeit der Hilfestellung ist zur Zeit allerdings nur möglich in

Kroatien

und bezieht sich auf

- Ermittlung des Halters des gegnerischen Fahrzeugs
- Ermittlung des zuständigen Kraftfahrzeug-Haftpflichtversicherers
- Weiterleitung von Beschwerden bei unzulänglicher Schadenabwicklung
- Beschaffung von Unterlagen wie polizeilichen Ermittlungsakten sowie medizinischen oder technischen Gutachten
- Zurverfügungstellung von Informationen über den Leistungsumfang eines ausländischen Garantiefonds, der für Schäden durch nicht versicherte oder nicht ermittelbare Kraftfahrzeuge aufkommt.

bb) Verfahren

Betroffene, die eine Hilfestellung wünschen, können sich schriftlich an das Deutsche Büro Grüne Karte wenden, wobei sich aus dem Anschreiben ergeben sollte, welches Problem vorliegt und welche Art der Hilfeleistung gewünscht wird.

Erforderlich sind darüber hinaus folgende Angaben:

- Unfallstaat
- Unfallort
- Unfalldatum
- Autokennzeichen des beteiligten Kraftfahrzeugs
- evtl. Namen und Adresse des Kraftfahrzeughalters/-Fahrers
- ggf. Namen und Adresse der ausländischen Versicherungsgesellschaft einschließlich des Aktenzeichens, unter dem der Vorgang bearbeitet wird
- evtl. weitere sachdienliche Angaben, die für die Tätigkeit von Bedeutung sind.

Das deutsche Büro wird die Bitte um Hilfestellung mit den notwendigen Angaben an das Büro des Unfallstaates weiterleiten. Dieses wird vor Ort die notwendigen und möglichen Maßnahmen ergreifen.

cc) Gebühren

Für das Tätigwerden des Deutschen Büros Grüne Karte e.V. wird eine pauschale Gebühr von € 30,-- erhoben, die vom Auftraggeber zu entrichten ist.

Die Gebühren sind nach Rechnungstellung zu entrichten. Nach erfolgter Zahlung werden die erforderlichen Maßnahmen eingeleitet.

Soweit es um den Auftrag geht, bestimmte Unterlagen aus dem Ausland zu beschaffen, kommt eine weitere Gebühr von € 50,-- hinzu, die das ausländische Büro für seine Tätigkeit in Rechnung stellt. Fallen darüber hinaus Fremdkosten, wie z.B. für die Erstellung eines medizinischen Gutachtens an, so sind diese ebenfalls vom Auftraggeber zu erstatten.

Merkblatt Deutsches Büro Grüne Karte e.V./Verkehrsopferhilfe e.V.

Das Deutsche Büro Grüne Karte e.v. wird bei der Ausführung der erteilten Aufträge den bewährten Service bieten, ohne allerdings garantieren zu können, dass die eingeleiteten Maßnahmen zum gewünschten Erfolg führen. Der Erfolg eines jeden einzelnen Auftrages hängt ganz wesentlich auch von dem einzuschaltenden ausländischen Büro und den dort bestehenden rechtlichen und tatsächlichen Möglichkeiten ab. So bestehen nach wie vor in einigen europäischen Staaten Schwierigkeiten, den zuständigen Kraftfahrzeug-Haftpflichtversicherer zu ermitteln. Diese Probleme können auch mit Hilfe des Besucherschutzabkommens nicht überwunden werden.

Die Informationen sind nach bestem Wissen zusammengestellt; eine Gewähr für die Richtigkeit kann nicht übernommen werden.

Hamburg, im Mai 2004

Anhang

V. Arbeitsanweisungen zur Abrechnung von Rechtsanwaltsgebühren

Arbeitsanweisung
Abrechnung von RA Gebühren

Gebiet:	Kraftfahrzeughaftpflicht

Umfang:	Außergerichtliche Schadenregulierung

Gebührenhöhe:	maßgebend ist immer der Gesamterledigungswert

Ein Geschädigter	Gebührenhöhe
Sachschaden	1,8
Personenschaden (und Sachschaden) mit einem Gesamterledigungswert unter 10.000,- Euro	1,8
Personenschaden (und Sachschaden) mit einem Gesamterledigungswert von 10.000,- Euro oder mehr	2,1

Mehrere Geschädigte	Gebührenhöhe
Sachschaden	2,4
Personenschaden (und Sachschaden) mit einem Gesamterledigungswert unter 10.000,- Euro	2,4
Personenschaden (und Sachschaden) mit einem Gesamterledigungswert von 10.000,- Euro oder mehr	2,7

Individuelle RA-Gebührenvereinbarung (im Rahmen des RVG) möglich, wenn	die Regulierung (auch) Körperschäden betrifft und der Gesamterledigungswert 200.000,- Euro oder mehr beträgt.

Auslagen:	Gesetzliche Regelungen bzw. individuelle Vereinbarungen

Geltungsbeginn:	Kfz-Haftpflichtschäden, bei denen die Beauftragung des RA nach dem 30.06.2004 erfolgte.

Abrechnung von Rechtsanwaltsgebühren

Absender: VIII/8300

Damen und Herren Mitglieder
der Geschäftsleitungen

Ressort Innendienst

Ihr Zeichen, Ihre Nachricht vom	Unser Zeichen, Unsere Nachricht vom	Telefon	Fax	Datum
	VIII	431	39 431	2004-09-10

Abrechnung von Rechtsanwaltsgebühren in K und H bei Kraftfahrt-Haftpflicht-Schäden

Um die Regulierung zu erleichtern und Streitigkeiten sowie eventuelle Gebührenprozesse zu vermeiden, treffen wir hinsichtlich der Abrechnung der Rechtsanwaltsgebühren folgende Regelung:

1. Kraftfahrzeug-Haftpflichtschäden, bei denen die Beauftragung der Anwälte nach dem 30.06.2004 erfolgte und die noch nicht abgerechnet sind, werden wie folgt im Rahmen der außergerichtlichen Schadenregulierung abgegolten:

Sachschaden generell	1,8 Gebühren
Sachschaden und Personenschaden mit einem Gesamterledigungswert unter 10.000,-- €	1,8 Gebühren
Sachschaden und Personenschaden über 10.000,-- €	2,1 Gebühren

Bei mehreren Geschädigten betragen die Gebühren bei

Sachschaden generell	2,4 Gebühren
Sachschaden und Personenschaden mit Gesamterledigungswert unter 10.000,-- €	2,4 Gebühren
Sachschaden und Personenschaden über 10.000,-- €	2,7 Gebühren

Gesamterledigungswert ist der Betrag, der auf die berechtigten Forderungen gezahlt wurde.

Gegenüber Anwälten, die uns eine entsprechende Erklärung abgeben bzw. stets diese Gebührengestaltung einhalten, werden auch wir unsererseits entsprechend abrechnen.

2. Diese Regelung gilt auch für Kfz-Schäden in der Allgemeinen Haftpflichtversicherung.

Unsererseits haben wir dieses Schreiben gegenüber der Arbeitsgemeinschaft Verkehrsrecht im Deutschen Anwaltverein bekannt gegeben.
Von dort aus werden die Mitglieder in der 38. KW entsprechend informiert.

gez. Dr. Hauser   gez. Przybilla

Anhang

Abrechnungsgrundsätze

1. Bei der vollständigen außergerichtlichen Regulierung von Haftpflichtschäden (Kraftfahrzeughaftpflicht und Allgemeine Haftpflicht) im Rahmen ihrer Eintrittspflicht zahlen die Öffentlichen Versicherungen Oldenburg eine Geschäftsgebühr von 1,8 nach Nr. 2400 VV-RVG aus dem Entschädigungsbetrag, ohne Rücksicht darauf, ob der Fall schlicht abgerechnet, verglichen oder besprochen wurde.

2. Sind Gegenstand der Regulierung (auch) Körperschäden, erhöht sich die Gebühr ab einem Gesamterledigungswert von 10.000,00 EUR auf 2,1.

3. Vertritt der Rechtsanwalt mehrere durch ein Unfallereignis Geschädigte, so errechnet sich der Gegenstandswert aus der Summe der Erledigungswerte. Die Gebühr erhöht sich in diesen Fällen auf 2,4.

4. Sind Gegenstand der Regulierung in den Fällen zu Ziffer 3 (auch) Körperschäden, so erhöht sich die Gebühr ab einem Gesamterledigungswert von 10.000 EUR auf 2,7.

5. Die Abrechnungsgrundsätze finden Anwendung für alle Schadenfälle, die sich ab dem 01.10.2004 ereignet haben.

Abrechnung von Rechtsanwaltsgebühren

Grundsätze über die Abrechnung von RA-Gebühren in Haftpflichtschäden

1. Bei der vollständigen außergerichtlichen Regulierung von Haftpflichtschäden (Kraftfahrthaftpflicht und Allgemeine Haftpflicht) im Rahmen ihrer Eintrittspflicht zahlt die VGH Landschaftliche Brandkasse Hannover zur Abgeltung der Gebühren nach den Nrn. 1000, 2400 VV-RVG eine Gebühr von 1,8 aus dem Entschädigungsbetrag, ohne Rücksicht darauf, ob der Fall schlicht abgerechnet, verglichen oder besprochen wurde.

2. Sind Gegenstand der Regulierung (auch) Körperschäden, erhöht sich die Gebühr ab einem Gesamterledigungswert von 10.000,- EUR auf 2,1.

3. Vertritt der Rechtsanwalt mehrere durch ein Unfallereignis Geschädigte, so errechnet sich der Gegenstandswert aus der Summe der Erledigungswerte. Die Gebühr erhöht sich dann auf 2,4.

4. Sind Gegenstand der Regulierung in den Fällen zu Ziffer 3 (auch) Körperschäden, so erhöht sich die Gebühr ab einem Gesamterledigungswert von 10.000,- EUR auf 2,7.

5. Die Abrechnungsgrundsätze finden Anwendung für alle Schadenfälle, die sich ab dem 01.07.2004 ereignet haben und zum 31.10.2004 noch nicht abgerechnet sind.

Anhang

Abrechnungsgrundsätze RVG

Arbeitsanweisung an alle Kraftfahrthaftpflicht-Schaden SB

Um die Regulierung zu erleichtern und um Streitigkeiten bei der Gebührenabrechnung zu vermeiden, rechnen Sie bitte für Kfz-Haftpflichtschäden ab dem 01.01.2005 Rechtsanwaltsgebühren wie folgt ab:

- Im Verhältnis zwischen dem Rechtsanwalt des Geschädigten und uns als Kfz-Haftpflichtversicherer des Schädigers zahlen wir im Rahmen unserer Eintrittsverpflichtung anstelle der Gebühren nach 2400, 1000, 1009 VV-RVG unabhängig davon, ob eine Besprechung oder Einigung stattgefunden hat, eine pauschalierte Geschäftsgebühr von 1,8 nach dem Erledigungswert der Angelegenheit.

- Wird auch ein Personenschaden bearbeitet, erhöht sich die Gebühr ab einem Gesamterledigungswert von 10.000 € auf 2,1.

- Werden mehrere Beteiligte durch den Rechtsanwalt vertreten, zahlen wir auf den Gesamterledigungswert eine Geschäftsgebühr von 2,4.
  Gehört dabei zum Gegenstand der Regulierung auch ein Personenschaden, erhöht sich die Gebühr ab einem Gesamterledigungswert von 10.000 € auf 2,7.

- Die Auslagen zahlen wir nach den gesetzlichen Regelungen.

- Die Regelung gilt nur für den Fall der außergerichtlichen Schadenregulierung.

Diese Abrechnungsgrundsätze gelten nur einheitlich, d. h. wir werden sie nur bei den Rechtsanwälten anwenden, die in allen angeführten Fällen so abrechnen.

Stand 12/2004

VI. Muster

1. Vorbemerkung

Klageschriften und Klageerwiderungen sollen nach Möglichkeit – auch optisch – klar gegliedert sein. In Unfallsachen bietet sich folgende Einteilung an:
1. Ausführungen zum Haftungsgrund
2. Ausführungen zur Schadenhöhe
3. Vorprozessuale Einwendungen der Gegenseite
4. Rechtsausführungen.

Entgegen allen Regeln der Relationstechnik hat es sich bewährt, bereits in der Klageschrift auf die vorprozessualen Einwendungen der Gegenseite einzugehen:
- Die Notwendigkeit der Klageerhebung wird verständlich.
- Die Beklagten können nur noch das wiederholen, was bereits vorgetragen worden ist.
- Eine Stellungnahme zur Klageerwiderung und eine nochmalige Befassung mit der Sache ist in der Regel nicht mehr erforderlich.

Bei Klagen genügt es, lediglich den Zahlungsantrag zu stellen, auf der Beklagtenseite den Klageabweisungsantrag.

Die Anhäufung einer Vielzahl von Klageanträgen – Formularbüchern entnommen – erweist sich als wenig hilfreich und überflüssig, zumal über die Prozesskosten, die vorläufige Vollstreckbarkeit, Sicherheitsleistung usw. von Amts wegen zu entscheiden ist. Lediglich im schriftlichen Vorverfahren empfiehlt sich der Antrag auf Erlass eines Versäumnisurteils; ein Antrag auf Erlass eines Anerkenntnisurteils erscheint überflüssig, da ein solches Anerkenntnis im schriftlichen Vorverfahren praktisch nie vorkommt. Wenn dann jedoch – wider Erwarten – der Beklagte die Forderung anerkennt, kann immer noch der entsprechende Antrag gestellt werden.

Der noch in den Vorauflagen dieses Buches enthaltene Antrag zur Sicherheitsleistung durch Bankbürgschaft ist zwischenzeitlich ebenfalls überflüssig: Die Zulässigkeit der Sicherheitsleistung durch Bankbürgschaft braucht nicht mehr gesondert beantragt zu werden, da sie in § 108 Abs. 1 ZPO n.F. gesetzlich geregelt ist.

2. Muster: Klage zum Fahrzeugschaden

An das
Landgericht Köln
50922 Köln

Klage

des Handelsvertreters Peter Biberpelz, Essener Straße 15, 51145 Köln

– Klägers –

Prozessbevollmächtigter: Rechtsanwalt Peter Müller, Köln

gegen

1. den Oberstudienrat Dieter Meyer, Brabanter Straße 11, 44139 Dortmund
2. Arabella Versicherungs-AG, Bonner Straße 6, 65011 Wiesbaden, vertreten durch den Vorstand, dieser vertreten durch den Vorsitzenden Peter Voss, ebenda

Schaden-Nr. 25 KH 02-4711007

– Beklagten –

wegen Schadenersatz aus Verkehrsunfall.

Streitwert: 11.530,00 EUR.

Anträge: 1. Die Beklagten werden als Gesamtschuldner verurteilt, an den Kläger 11.530,00 EUR nebst 5 % Zinsen über Basiszinssatz seit dem 20.03.2002 zu zahlen.
2. Im schriftlichen Vorverfahren ergeht Versäumnisurteil, wenn die Beklagten ihre Verteidigungsabsicht nicht rechtzeitig mitteilen.

Gründe:

Gegenstand der Klage sind Schadenersatzansprüche aus einem Verkehrsunfall, den der Beklagte zu 1) mit einem bei der Beklagten zu 2) versicherten Fahrzeug in Köln verursacht und verschuldet hat.

Muster: Klage Fahrzeugschaden

1. Am 02.02.2002 befuhr der Kläger mit seinem Pkw Ford Mondeo in Köln die Aachener Straße stadtauswärts mit einer Geschwindigkeit von 40 bis 50 km/h. Als er sich auf der mittleren Fahrspur der beampelten Kreuzung Aachener Straße/Wagnerstraße näherte, zeigte die Verkehrssignalanlage Rotlicht. Der Kläger verlangsamte zunächst seine Geschwindigkeit auf etwa 20 bis 30 km/h und beschleunigte dann wiederum auf etwa 50 km/h, als die Verkehrssignalanlage von Rot auf Rot-Gelb und dann auf Grün wechselte.

    Der Kläger befand sich unmittelbar vor der Kreuzung, als er den entgegenkommenden roten Porsche des Beklagten zu 1) bemerkte. Der Beklagte zu 1) hatte mit seinem Pkw zunächst auf der linken Fahrspur vor dem Rotsignal angehalten. Nach dem Farbwechsel auf Grün versuchte er dann, in einem „Blitzstart" noch vor dem Gegenverkehr nach links in die Wagnerstraße einzubiegen. Als der Kläger dies bemerkte, führte er eine Vollbremsung durch und versuchte, dem abbiegenden Fahrzeug auszuweichen. Gleichwohl konnte er nicht verhindern, dass er mit der rechten vorderen Ecke seines Fahrzeuges gegen die rechte hinter Seite des Fahrzeuges des Beklagten zu 1) stieß.

    Beweis für alles Vorstehende:
    1. Beiziehung und Verwertung zu Beweiszwecken der Ermittlungsakte der Staatsanwaltschaft Köln, Aktenzeichen: 75 Js 712/02.
    2. Zeugnis der Ehefrau des Klägers, Marion Biberpelz, Essener Straße 15, 51145 Köln.

2. Der Beklagte zu 1) hat sich gegenüber der Polizei dahingehend eingelassen, der Kläger sei mit überhöhter Geschwindigkeit gefahren und sei noch weit entfernt gewesen, als er – der Beklagte zu 1) – nach links abbog. Die Beklagte zu 2) hat unter Hinweis auf diese Darstellung des Beklagten zu 1) jegliche Schadenregulierung abgelehnt, so dass Klage geboten ist.

3. In rechtlicher Hinsicht ist davon auszugehen, dass der Beklagte zu 1) diesen Verkehrsunfall durch einen Verstoß gegen § 9 Abs. 1 StVO allein verursacht und verschuldet hat, während das Unfallgeschehen für den Kläger ein unabwendbares Ereignis war.

    a) Gemäß § 9 Abs. 1 StVO ist der Linksabbieger gegenüber dem entgegenkommenden Geradeausverkehr wartepflichtig. Insoweit ist von einer Vorfahrtsverletzung durch den Beklagten zu 1) auszugehen. Bei einer

Vorfahrtsverletzung haftet der Berechtigte bereits nach den Regeln des Anscheinsbeweises für evtl. Unfallfolgen (vgl. Hentschel, § 9 StVO Rn 57 m.w.N.).

Die Beklagten müssten daher einen atypischen Geschehensablauf, insbesondere die von dem Beklagten zu 1) behauptete Geschwindigkeitsüberschreitung durch den Kläger nicht nur *behaupten*, sondern *beweisen*. Außer der Einlassung des Beklagten zu 1) selbst spricht nichts für diese Darstellung der Beklagten.

b) Demgegenüber war das Unfallgeschehen für den Kläger ein unabwendbares Ereignis: Grundsätzlich darf ein Verkehrsteilnehmer darauf vertrauen, dass andere Verkehrsteilnehmer sich an die Verkehrsvorschriften halten. Als der Kläger bemerkte, dass der Beklagte zu 1) nach links abbog, hat er das ihm Mögliche und Zumutbare getan, um den Zusammenstoß zu verhindern. Letztlich bedarf es durch den Kläger ohnehin nicht des Nachweises der Unabwendbarkeit: Mit Rücksicht auf das erhebliche Verschulden des Beklagten zu 1) muss die Betriebsgefahr des klägerischen Fahrzeuges ohnehin unberücksichtigt bleiben.

4. Der Kläger hat nach Einholung eines Gutachtens durch den Sachverständigen Josef Meyer sein Fahrzeug reparieren lassen. Der Kläger ist vorsteuerabzugsberechtigt, so dass lediglich die jeweiligen Nettobeträge geltend gemacht werden.

a) Die Reparaturkosten beliefen sich gemäß Rechnung des Autohauses Schmidt auf 8.200,00 EUR netto.

Beweis: Vorlage der Rechnung des Autohauses Schmidt vom 20.03.2002, Fotokopie anbei, *Anlage K 1*

b) Nach durchgeführter Reparatur verbleibt ein merkantiler Minderwert in Höhe von 600,00 EUR.

Beweis: Vorlage des Gutachtens Meyer durch die Beklagte zu 2) gemäß § 421 ZPO.

c) Die Kosten des Gutachtens Meyer beliefen sich auf netto 450,00 EUR.

Beweis: Vorlage der Rechnung vom 20.03.2002, Fotokopie anbei, *Anlage K 2*

d) Der Kläger hat einen Mietwagen in Anspruch genommen, dessen Kosten sich auf 2.500,00 EUR netto beliefen.

Beweis: Vorlage der Rechnung des Mietwagenunternehmens Schwarz vom 20.03.2002, Fotokopie anbei, *Anlage K 3*

Nach Abzug eines Betrages für Eigenersparnis von 10 % (OLG Köln zfs 1997, 53; OLG Hamm VersR 2001, 206) in Höhe von 250,00 EUR verbleibt ein Betrag in Höhe von 2.250,00 EUR.

e) Schließlich wird eine Kostenpauschale für unfallbedingte Aufwendungen in Höhe von 30,00 EUR geltend gemacht.

f) Die Aufwendungen des Klägers zur Schadenbeseitigung beliefen sich somit auf insgesamt 11.530,00 EUR.

g) Der Zinsanspruch ist ebenfalls gerechtfertigt: Der Prozessbevollmächtigte des Klägers hat die Beklagte zu 2) mit Schreiben vom 06.03.2002 unter Fristsetzung bis zum 20.03.2002 zur Schadenregulierung aufgefordert. Die Beklagten befinden sich somit spätestens seit dem 20.03.2002 in Verzug (§ 286 Abs. 1 BGB).

Die Höhe der Verzugszinsen ergibt sich aus § 288 Abs. 1 BGB.

5. Über die Gerichtskosten in Höhe von 657,00 EUR fügen wir einen Verrechnungsscheck der Prozessbevollmächtigten des Klägers bei.

(Unterschrift Rechtsanwalt)

3. Muster: Klage zum Fahrzeugschaden mit 50 % Haftung

An das
Amtsgericht
50922 Köln

Klage

der Betten-Holle GmbH, Kölner Straße 24, 51145 Köln, vertreten durch ihre Geschäftsführerin, Frau Sabine Holle, ebenda

– Klägerin –

Prozessbevollmächtigter: RAe Werner & Partner, Köln

gegen

1. Frau Hannelore Lindenberg, Gartenstraße 30, 46789 Düsseldorf

– Beklagte zu 1) –

2. Allgemeine Versicherungs-AG, Taunusanlage 18, 60325 Frankfurt, vertreten durch den Vorstand, dieser vertreten durch den Vorstandsvorsitzenden Heinrich Müller, ebenda

Schaden-Nr. 80 KH 02-172545

– Beklagte zu 2) –

wegen Schadenersatz aus Verkehrsunfall.

Anträge: 1. Die Beklagten werden als Gesamtschuldner verurteilt, an die Klägerin 3.005,00 EUR nebst 5 % Zinsen über Basiszinssatz seit Klagezustellung zu zahlen.
2. Im schriftlichen Vorverfahren ergeht Versäumnisurteil, wenn die Beklagten ihre Verteidigungsabsicht nicht rechtzeitig mitteilen.

Gründe:

Gegenstand der Klage sind Schadenersatzansprüche aus einem Verkehrsunfall, der sich am 30.01.2002 in Köln ereignet hat.

1. Am Unfalltag befuhr die nachbenannte Zeugin Doris Theißen mit einem Pkw Golf TDI der Klägerin die Bochumer Straße in Köln, um nach links

in die Grundstückseinfahrt des Hauses Nr. 6 einzubiegen. Sie betätigte den linken Blinker und ordnete sich zur Fahrbahnmitte hin ein. Wegen des Gegenverkehrs musste sie zunächst anhalten.

Als sich kein Fahrzeug mehr in Sichtweite befand, begann sie mit dem Abbiegevorgang. Während des Abbiegens setzte der Motor aus, so dass das klägerische Fahrzeug kurzfristig quer zu Fahrbahn stehen blieb. In diesem Augenblick näherte sich die Beklagte zu 1) mit ihrem bei der Beklagten zu 2) versicherten Pkw Mercedes 500. Sie bemerkte das querstehende Fahrzeug zu spät und fuhr mit voller Wucht in die rechte Seite des stehenden klägerischen Fahrzeuges.

Beweis für alles Vorstehende:
1. Beiziehung der Ermittlungsakten der Staatsanwaltschaft Köln, Aktenzeichen: 71 Js 511/02.
2. Zeugnis Frau Doris Theißen, zu laden bei der Klägerin.
3. Zeugnis Frau Hannelore Schmitz, Bergstraße 8, 53891 Bonn.

Im vorgenannten Ermittlungsverfahren ist durch Sachverständigengutachten festgestellt worden, dass die Beklagte zu 1) mit einer Geschwindigkeit zwischen 60 km/h und 80 km/h gefahren ist.

Beweis: Wie vor.

2. Die Beklagte zu 2) hat in der vorprozessualen Korrespondenz jegliche Schadenregulierung verweigert und sich darauf berufen, dass die von der Polizei sichergestellte Bremsspur nur 30 Meter betragen habe. Allein diese Bremsspur lasse eine Geschwindigkeitsüberschreitung der Beklagten zu 1) nicht erkennen. Hierbei übersieht die Beklagte zu 2) jedoch, dass Bremsweg und Bremsspur durch den Aufprall erheblich verkürzt worden sind, so dass von einer erheblichen Geschwindigkeitsüberschreitung der Beklagten zu 1) auszugehen ist.

Beweis: Sachverständigengutachten.

3. In rechtlicher Hinsicht ist davon auszugehen, dass die Beklagte zu 1) den Verkehrsunfall vom 30.01.2002 durch einen groben Verstoß gegen § 3 StVO allein verursacht und verschuldet hat, während das Unfallgeschehen für die Zeugin Theißen ein unabwendbares Ereignis war.

a) Gemäß § 3 Abs. 1 S. 4 StVO darf ein Fahrzeugführer nur so schnell fahren, „dass er innerhalb der übersehbaren Strecke halten kann". Wenn die Beklagte zu 1) „auf Sicht" gefahren wäre, hätte sie das auf der Fahrbahn stehende Fahrzeug der Klägerin rechtzeitig erkennen können und müssen. Es ist daher für diesen Rechtsstreit nicht entscheidend, ob und inwieweit die zulässige Höchstgeschwindigkeit von 50 km/h überschritten worden ist.

b) Demgegenüber war das Unfallgeschehen für die Zeugin Theißen ein unabwendbares Ereignis (§ 7 Abs. 2 StVG). Das Fahrzeug der Klägerin hat bis zum Unfalltag ordnungsgemäß funktioniert, Anhaltspunkte für einen technischen Defekt oder Motorschaden waren nicht gegeben.

Beweis: Zeugnis Doris Theißen, b.b.

4. Mit Rücksicht darauf, dass die Klägerin möglicherweise den Nachweis der Unabwendbarkeit nicht führen kann, wird mit dieser Klage lediglich eine Quote von 50 % geltend gemacht.

a) Die Reparaturkosten belaufen sich gemäß Sachverständigengutachten Meyer auf netto 5.140,00 EUR.

Beweis: Vorlage des Originalgutachtens Meyer durch die Beklagte zu 2) gemäß § 421 ZPO.

b) Der Sachverständige hat Gutachterkosten in Höhe von netto 450,00 EUR berechnet.

Beweis: Vorlage der Rechnung des Sachverständigen Meyer, Fotokopie anbei, *Anlage K 1*

c) Aus dem Gutachten ergibt sich eine Reparaturdauer von 5 Kalendertagen. Die Nutzungspauschale beträgt für das klägerische Fahrzeug nach der Tabelle Sanden/Danner/Küppersbusch 78,00 EUR. Für 5 Tage ergibt sich somit eine Forderung in Höhe von 390,00 EUR.

d) Als allgemeine Kostenpauschale (§ 287 ZPO) wird der übliche Betrag von 30,00 EUR geltend gemacht.

e) Der Gesamtschaden beläuft sich somit auf 6.010,00 EUR. Die Hälfte hiervon = 3.005,00 EUR wird mit dieser Klage geltend gemacht.

5. Gerichtskosten in Höhe von 291,00 EUR zahlen wir per Gebührenstempler ein.

(Unterschrift Rechtsanwalt)

4. Muster: Klageerwiderung zum Fahrzeugschaden mit 50 % Haftung

An das
Amtsgericht
50922 Köln

02.07.2002
– Sekretariat –

Aktenzeichen: 262 C 150/02

In Sachen
Betten-Holle GmbH ./. Lindenberg u. a.

bestellen wir uns zu Prozessbevollmächtigten der Beklagten.

Antrag: Die Klage wird abgewiesen.

Gründe:

Die geltend gemachten Ansprüche werden dem Grunde und der Höhe nach bestritten. Die Zeugin Theißen hat den Verkehrsunfall vom 30.01.2002 durch einen groben Verstoß gegen § 9 Abs. 5 StVO allein verursacht und verschuldet.

1. Entgegen dem insoweit als unrichtig bestrittenen Sachvortrag in der Klageschrift ist von folgendem Unfallhergang auszugehen:

   Am Unfalltag befuhr die Beklagte zu 1) mit ihrem bei der Beklagten zu 2) versicherten Pkw die Bochumer Straße mit einer Geschwindigkeit von 40 km/h bis 50 km/h. Auf der Gegenfahrbahn stand – zur Fahrbahnmitte hin eingeordnet – mit eingeschaltetem linken Blinker das klägerische Fahrzeug. Als die Beklagte zu 1) nur noch wenige Meter entfernt war, bog die Zeugin Theißen plötzlich nach links ab, ohne auf den Gegenverkehr zu achten. Die Beklagte zu 1) führte sofort eine Vollbremsung durch, konnte jedoch nicht verhindern, dass sie mit ihrem Pkw noch gegen die rechte Seite des abbiegenden Fahrzeuges der Klägerin stieß.

   Beweis für alles Vorstehende:
   Beiziehung der Ermittlungsakten der Staatsanwaltschaft Köln, Aktenzeichen: 71 Js 511/02.

Muster: Klageerwiderung Fahrzeugschaden mit 50 % Haftung

2. Die Darstellung in der Klageschrift ist somit in wesentlichen Punkten unrichtig und unvollständig.

Insbesondere trifft es nicht zu, dass ein Motorschaden am klägerischen Fahrzeug die Unfallursache gewesen sein soll. Insoweit handelt es sich um eine durch nichts bewiesene Schutzbehauptung der Klägerin.

Im Ermittlungsverfahren ist zwar ein Sachverständigengutachten eingeholt worden, in dem eine *mögliche* Geschwindigkeit des Fahrzeuges der Beklagten zu 1) von 60 km/h bis 80 km/h genannt wird. Dieses Gutachten kann jedoch in diesem Rechtsstreit keine Verwendung finden, da der Sachverständige – im Strafverfahren durchaus richtig – alle Unwägbarkeiten und Unklarheiten zugunsten der Zeugin Theißen berücksichtigt hat, gegen die das Ermittlungsverfahren ausschließlich gerichtet war.

3. In rechtlicher Hinsicht ist davon auszugehen, dass die Zeugin Theißen diesen Verkehrsunfall durch einen groben Verstoß gegen § 9 Abs. 5 StVO allein verursacht und verschuldet hat, während das Unfallgeschehen für die Beklagte zu 1) ein unabwendbares Ereignis war.

a) Gemäß § 9 Abs. 5 StVO muss ein Verkehrsteilnehmer, der in ein Grundstück einbiegen will, sich so verhalten, „dass eine Gefährdung anderer Verkehrsteilnehmer ausgeschlossen ist".

Durch diese Formulierung, die sich an mehreren Stellen in der StVO befindet, bringt der Gesetzgeber zum Ausdruck, dass der Abbieger in ein Grundstück die Verantwortung für die Gefahrlosigkeit des Abbiegens allein trägt. Kommt es im Zusammenhang mit dem Abbiegen in ein Grundstück zu einem Unfall, so haftet der Abbiegende bereits nach den Regeln des Anscheinsbeweises allein für die Unfallfolgen (vgl. Hentschel, § 9 StVO Rn 52 m.w.N.).

Die Klägerin müsste daher die Möglichkeit eines atypischen Geschehensablaufs nicht nur *behaupten*, sondern *beweisen*.

Diesen Beweis kann die Klägerin nicht dadurch führen, dass sie die Fahrerin als Zeugin aufbietet, die den Unfall durch einen Fahrfehler verursacht und verschuldet hat. Ebenso wenig kann die Beifahrerin, die Zeugin Schmitz, einen Motorschaden bestätigen, da sie lediglich bemerkt haben kann, dass der Motor während des Abbiegens aussetzte.

Trotz entsprechender Hinweise in der vorprozessualen Korrespondenz war die Klägerin nicht in der Lage, eine Reparaturkostenrechnung oder eine Werkstattbescheinigung vorzulegen, aus der sich ergibt, dass tatsächlich ein Motorschaden vorgelegen hat.

b) Für die Beklagte zu 1) war das Unfallgeschehen ein unabwendbares Ereignis: Als sie sich dem klägerischen Fahrzeug näherte, brauchte sie nicht damit zu rechnen, dass die Fahrerin dieses Fahrzeugs plötzlich und ohne Beachtung des Gegenverkehrs nach links abbiegen würde. Mit Rücksicht auf das schuldhafte Verhalten der Zeugin Theißen muss die Betriebsgefahr des Fahrzeuges der Beklagten zu 1) ohnehin unberücksichtigt bleiben.

4. Obgleich somit die Klage bereits dem Grunde nach ungerechtfertigt ist, wird rein vorsorglich die geltend gemachte Schadenhöhe bestritten.

a) Der Sachverständige Meyer hat in seinem Gutachten festgestellt, dass am klägerischen Fahrzeug ein wirtschaftlicher Totalschaden eingetreten ist. Der Wiederbeschaffungswert liegt bei 4.500,00 EUR, der Restwert wird mit 1.500,00 EUR beziffert.

Beweis: Das anliegende Originalgutachten Meyer nebst Fotografien, *Anlage B 1*

Der Fahrzeugschaden beläuft sich daher allenfalls auf 3.000,00 EUR.

Der BGH (VersR 1992, 61) hat zwar ausgeführt, dass die Reparaturkosten auch dann zu ersetzen sind, wenn sie den Wiederbeschaffungswert um weniger als 30 % übersteigen. Voraussetzung ist jedoch, dass der Geschädigte sein Integritätsinteresse am Fahrzeug durch eine fachgerechte Reparatur nachweist (vgl. BGH a.a.O.; OLG Hamm r+s 1996, 101).

b) Der Nutzungsausfall ist nicht schlüssig dargetan, da die Klägerin nichts dazu vorträgt, ob und wann die Reparaturarbeiten tatsächlich erfolgt sind.

c) Die übrigen Schadenpositionen werden der Höhe nach nicht beanstandet.

(Unterschrift Rechtsanwalt)

5. Muster: Klage zum Haushaltsführungsschaden

An das
Amtsgericht Köln
50922 Köln

Klage

der Frau Sabine Himmel, Bergerstr. 900, 51145 Köln

– Klägerin –

Prozessbevollmächtigte: RAe Glücklich & Partner, Köln

gegen

die Futura Versicherungs-AG, Wasserburger Str. 14, 80337 München, gesetzlich vertreten durch den Vorstand, dieser vertreten durch den Vorstandsvorsitzenden Wilhelm Schwarz, ebenda

Schaden-Nr. 13 KH 88-56235

– Beklagte –

wegen Schadenersatz aus Verkehrsunfall.

Anträge: 1. Die Beklagte wird verurteilt, an die Klägerin 4.587,99 EUR nebst 5 % über Basiszinssatz seit dem 01.06.2002 zu zahlen.
2. Im schriftlichen Vorverfahren ergeht Versäumnisurteil, wenn die Beklagte ihre Verteidigungsabsicht nicht fristgemäß mitteilt.

Gründe:

Gegenstand der Klage ist der nach Teilregulierung verbliebene Haushaltsführungsschaden der Klägerin aus einem Verkehrsunfall, der sich am 14.03.2001 in Köln ereignet hat.

1. Die Klägerin befuhr auf ihrem Fahrrad die Lütticher Str. in Köln, als der Versicherungsnehmer der Beklagten, Herr Werner Wahl, mit dem bei der Beklagten versicherten Pkw aus einer Hofeinfahrt kommend auf die Lütticher Str. auf gleicher Höhe einbog. Hierbei übersah er die Klägerin und streifte sie beim Einbiegevorgang, so dass diese mit samt ihrem Fahr-

rad stürzte. Dabei erlitt die Klägerin einen komplizierten Unterarm-/Handgelenksbruch sowie diverse Schürfwunden.

Der Unfallhergang und die Haftung der Beklagten für sämtliche Unfallfolgen sind zwischen den Parteien unstreitig.

2. Aufgrund ihrer unfallbedingten Verletzungen ist der Klägerin ein Haushaltsführungsschaden in Höhe von insgesamt 7.087,99 EUR entstanden. Auf diesen hat die Beklagte außergerichtlich bislang lediglich 2.500,00 EUR gezahlt und mit Schreiben vom 01.06.2002 weitere Zahlungen endgültig abgelehnt.

Der Unterarm-/Handgelenkbruch musste operativ durch Einbringung einer Metallplatte stationär versorgt werden. Danach musste die Klägerin für drei Monate einen Gipsverband am rechten Arm nebst Handgelenk tragen. Nachdem der Gipsverband abgenommen worden ist, musste die Klägerin für weitere sechs Monate eine Armbandage zur Abstützung des Handgelenkes tragen. Am 14.12.2001, also neun Monate später, erfolgte die operative Metallentfernung mit weiterer Ausheilungszeit von einem Monat bis zur vollen Wiederbelastbarkeit des rechten Armes. Stationäre Krankenhausaufenthalte der Klägerin waren vom 14. bis 20.03.2001 und vom 14. bis 20.12.2001 erforderlich.

Beweis: 1. Vorlage des Arztberichtes Dr. Ohnesorg vom 13.03.2002 in Fotokopie, *Anlage K 1*
2. Vorlage des Entlassungsberichtes des Krankenhaus St. Stephan vom 20.12.2001 in Fotokopie, *Anlage K 2*
3. Zeugnis des Dr. Ohnesorg, Frankfurter Str. 1013, 51145 Köln
4. Sachverständigengutachten.

Bei dem Haushalt der Klägerin handelt es sich um einen gehobenen 2-Personen-Haushalt eines Rentnerehepaares. Die EG-Wohnung ist 90 qm groß mit angrenzendem 50 qm großen Gartenbereich. Die Klägerin hat vor dem Unfall den ehelichen Haushalt allein, also ohne Mithilfe ihres Ehemanns, geführt.

Beweis: Zeugnis des Herrn Walter Himmel, Berger Str. 900, 51145 Köln.

Aufgrund des Unfalles konnte die Klägerin ihre rechte Hand und den rechten Arm nicht bzw. nur eingeschränkt bei der Haushaltstätigkeit einsetzen.

Muster: Klage Haushaltsführungsschaden

Es handelte sich bei der verletzten Hand um die Gebrauchshand. Dementsprechend lagen erhebliche Einschränkungen bei der Besorgung des Haushaltes, insbesondere beim Reinhalten der Wohnung, Kochen, Bügeln, Einkaufen, Gartenpflege, vor.

Beweis: 1. Wie vor.
2. Einholung eines Sachverständigengutachtens.

Die Klägerin hat den Ausfall ihrer Tätigkeit im Haushalt während ihrer verletzungsbedingten Beeinträchtigung zum Teil durch überobligatorische Anstrengungen und unentgeltliche Hilfeleistungen Dritter, auch entfernter Angehöriger, so gut es ging, aufgefangen, also keine Ersatzkraft eingestellt.

Dementsprechend ist der Schaden normativ zu berechnen; Anhaltspunkt für die gebotene Schadenschätzung gemäß § 287 ZPO ist der Nettolohn einer erforderlichen und geeigneten Hilfskraft. Der tatsächliche Zeitbedarf für die Fortsetzung der Haushaltsführung im bisherigen Umfang kann insoweit in Anlehnung an die von Schulz-Borck/Hofmann entwickelten Tabellen hinsichtlich des wöchentlichen Arbeitszeitaufwandes der Hausfrau geschätzt werden (BGH VersR 1988, 490; BGH VersR 1990, 907; BGH VersR 1998, 333). Der dort abgedruckten Tabelle 1 ist zu entnehmen, dass eine Hausfrau für einen 2-Personen-Haushalt gehobenen Standards durchschnittlich einen Arbeitszeitaufwand von 43 Stunden pro Woche hat und für einen reduzierten 2-Personen-Haushalt von 31,6 Std./Woche (vgl. Schulz-Borck/Hofmann, Schadenersatz bei Ausfall von Hausfrauen und Müttern im Haushalt, 6. Auflage 2000). Aufgrund des zusätzlich zu versorgenden Gartens ist ein Zuschlag von 5 Stunden pro Woche zu berücksichtigen.

Während der Krankenhausaufenthalte der Klägerin ist aufgrund ihrer eigenen Versorgung im Krankenhaus im Wege des Vorteilsausgleiches lediglich von einem reduzierten 2-Personen-Haushalt auszugehen. Allerdings ist bei den fiktiven Kosten einer Hilfskraft zu berücksichtigen, dass die Klägerin während dieser Zeit die Leitungsfunktion im Haushalt nicht hat wahrnehmen können, so dass insoweit die Kosten einer nach BAT VIII bezahlten Ersatzkraft zugrunde zu legen sind und nur während der übrigen Verletzungszeiträume die Kosten einer nach BAT X bezahlten Ersatzkraft (vgl. auch insoweit Einstufungstabelle 3 bei Schulz-Borck/Hofmann, a.a.O.).

Vom 14.03. bis 20.03.2001 sowie vom 14.12. bis 20.12.2001, also für jeweils eine Woche, war die Klägerin zu 100 % infolge ihrer Krankenhausaufenthalte an der Haushaltsführung gehindert.

Vom 21.03. bis 13.06.2001 trug die Klägerin den Gipsverband, so dass während dieses Zeitraumes von einer 70 %-igen Minderung der haushaltsspezifischen Erwerbsfähigkeit auszugehen ist.

Vom 14.06. bis 13.12.2001, also für weitere sechs Monate, musste die Klägerin tagsüber eine Armbandage tragen und durfte nur leichte Lasten tragen. Dementsprechend lag für diesen Zeitraum eine 30 %-ige Minderung vor.

Nach der operativen Metallentfernung erhöhte sich die Minderung infolge der erforderlich Schonung während der Wundheilung und -versorgung mittels Verband für zwei Wochen auf 50 %, um sodann weitere zwei Wochen auf 25 % zu verbleiben, bis die volle Gebrauchsfähigkeit des Armes und der Hand am 18.01.2002 wieder eingetreten war.

Beweis: wie vor.

Dementsprechend ergibt sich unter Zugrundelegung der in Schulz-Borck/ Hofmann (a.a.O.) abgedruckten BAT-Vergütungstabellen folgender Haushaltsführungsschaden:

14.03. – 20.01.2001 und 14.12. – 20.12.2001
100 % Minderung, BAT VIII
2 x 1 Woche, rd. 37 Std./Woche (31,6 + 5 Std.):
1.179,17 EUR netto/M.: 4,348 x 2 W. =   542,40 EUR

21.03. – 13.06.2001
70 % Minderung, BAT X
3 Monate, 48 Std./W. x 70 % = 34 Std./W.:
3 Monate x 1.025,65 EUR netto/M. =   3.076,95 EUR

14.06. – 13.12.2001
30 % Minderung, BAT X
6 Monate, 48 Std./W. x 30 % = 14 Std./W.:
6 Monate x 484,97 EUR netto/M. =   2.909,82 EUR

21.12.2001 – 03.01.2002
50 % Minderung, BAT X
2 Wochen, 48 Std./W. x 50 % = 24 Std./W.:
799,18 EUR netto/M.: 4,348 x 2 W. =   367,61 EUR

04.01. – 17.01.2002
25 % Minderung, BAT X
2 Wochen, 48 Std./W. x 25 % = 12 Std./W.:
415,69 EUR netto/M.: 4,348 x 2 W. =   191,21 EUR

Haushaltsführungsschaden gesamt netto   7.087,99 EUR

Unter Abzug der außergerichtlichen Zahlung der Beklagten ergibt sich die Klageforderung.

3. In rechtlicher Hinsicht ist davon auszugehen, dass sich der Anspruch auf Ersatz des verletzungsbedingten Wegfalls für sich selbst (sog. vermehrte Bedürfnisse) und andere (Erwerbsausfall) erbrachter Haushaltsarbeiten aus § 843 Abs. 1, 1. und 2. Alt. BGB ergibt. Hinsichtlich des Umfanges des Haushaltsführungsschadens kommt es daher nicht auf das Maß der Unterhaltspflicht an (so ausdrücklich BGH VersR 1996, 1565 = NJW 1997, 256). Entscheidend ist allein, welche Arbeiten die verletzte Person tatsächlich im Haushalt geleistet hätte, wenn der Schadensfall nicht eingetreten wäre (vgl. so auch Schulz-Borck/Hofmann, a.a.O., S. 16 f.; Küppersbusch, Ersatzansprüche bei Personenschäden, 7. Auflage 2000, Rn 132; Pardey, Berechnung von Personenschäden, 2. Auflage 2001, Rn 815).

4. Der geltend gemachte Zinssatz ergibt sich aus den §§ 247, 288 BGB. Verzug ist aufgrund der endgültigen Ablehnung der Beklagten gemäß § 286 Abs. 1, Abs. 2 Nr. 3 BGB am 01.06.2002 eingetreten.

(Unterschrift Rechtsanwalt)

Anhang

6. Muster: Klageerwiderung zum Haushaltsführungsschaden

An das
Amtsgericht Köln
50922 Köln

Aktenzeichen: 265 C 345/02

In Sachen
Himmel ./. Futura Versicherungs-AG

bestellen wir uns zu Prozessbevollmächtigten der Beklagten.

Antrag: Die Klage wird abgewiesen.

Gründe:

Der geltend gemachte Anspruch wird lediglich der Höhe nach bestritten. Die Beklagte hat den Haushaltsführungsschaden der Klägerin bereits ausreichend reguliert. Weitere Ansprüche stehen der Klägerin nicht mehr zu.

1. Zunächst wird bestritten, dass der Ehemann der Klägerin, Rentner und damit nicht mehr erwerbstätig wie die Klägerin selbst, vor dem streitgegenständlichen Verkehrsunfall tatsächlich keine Arbeiten im ehelichen Haushalt durchgeführt hat. Beide Eheleute waren vor dem Ausscheiden aus dem Erwerbsleben in Vollzeit erwerbstätig. Es ist daher davon auszugehen, dass der Ehemann der Klägerin während des Erwerbsleben gleichberechtigt an der Haushaltsführung mitgewirkt hat und diese Mithilfe erst recht auch zum Zeitpunkt des Unfallereignisses als Rentner erbracht hat. Der Haushaltsführungsschaden der Klägerin ist daher bereits aus diesem Grund zu halbieren.

   Wäre auch ohne den Unfall tatsächlich Mithilfe von Familienmitgliedern geleistet worden, verringert sich hierdurch der Umfang der von der Klägerin tatsächlich bisher und künftig geleistete Hausarbeitumfang entsprechend (BGH NJW 1974, 1651, 1652 = VersR 1974, 1016, 1017; OLG Frankfurt 1982, 981, 982; OLG Oldenburg NJW-RR 1989, 1429, 1430).

2. Außerdem muss wegen der attestierten Verletzungen und des komplikationslosen Heilungsverlaufs bestritten werden, dass die Klägerin entspre-

Muster: Klageerwiderung Haushaltsführungsschaden

chend ihren Ausführungen in der Klageschrift in ihrer Haushaltsführung eingeschränkt war.

Die haushaltsspezifische Minderung der Erwerbsfähigkeit muss konkret festgestellt werden. Eine Einstufung der Erwerbsminderung auf dem allgemeinen Arbeitsmarkt ist nicht verwendbar, weil sie von einer besonderen Berufsausübung abstrahiert ist und einen durchschnittlichen Maßstab darstellt (vgl. OLG Oldenburg NJW 1989, 1429).

Im Wesentlichen war die Klägerin durch das Tragen des Gipsverbandes eingeschränkt. Während dieser Zeit kann allenfalls von einer 40%-igen Einschränkung der haushaltspezifischen Erwerbsminderung ausgegangen werden, weil ausschließlich der rechte Unterarm sowie das Handgelenk beeinträchtigt waren. Der Gipsverband beeinträchtigte nicht die Beweglichkeit der Finger sowie des Ellenbogengelenkes, so dass auch während des Tragens eines Gipsverbandes leichtere Arbeiten mit der rechten Hand durchgeführt werden konnten. Insbesondere war die Klägerin schmerzfrei und konnte den rechten Arm damit in der Haltefunktion einsetzen. Des Weiteren konnte sie während dieses Zeitraumes einen Teil der Arbeiten mit dem linken Arm verrichten. Nach einer gewissen Gewöhnungszeit an die zwangsläufigen Einschränkungen durch den Gips erfolgt automatisch eine Umstellung einiger Arbeiten auf links. Dies mag nicht für Arbeiten mit erforderlicher Feinmotorik gelten, indes aber für das Tragen von Lasten und grobe Bewegungsmechanismen wie Ab- und Staubwischen, Abräumen des Tisches, Einräumen des Kühlschrankes, Bedienung der Wasch- und Spülmaschine sowie Wäschetrockner etc. Der Zuschlag für Gartenarbeit ist überhöht. Zudem fallen Gartenarbeiten saisonal an, so dass allenfalls im Frühjahr 2001 eine Einschränkung bestand.

Beweis: Sachverständigengutachten.

Des Weiteren ist davon auszugehen, dass die Klägerin nach Abnahme des Gipsverbandes in der Lage war, ihren Haushalt wie vor dem Unfall zu führen. Allenfalls könnte in einem begrenzten Zeitraum bis zur vollständigen Belastbarkeit des rechten Armes an eine 10%-ige Einschränkung ihrer haushaltspezifischen Erwerbsminderung gedacht werden. Eine rechnerische gesamtprozentuale Behinderung bis zu 10% kann jedoch wegen der Kompensationsmöglichkeiten außer Betracht bleiben (vgl. OLG Düsseldorf DAR 1988, 24 f.; OLG Oldenburg VersR 1993, 1491; OLG München DAR 1993, 353).

3. Zutreffend ist, dass die fiktiven Haushaltshilfekosten unter Hinzuziehung der Tabelle Schulz-Borck/Hofmann ermittelt werden können. Es sind jedoch immer die konkreten Umstände zu berücksichtigen. Die Klägerin konnte wie auch vor dem Unfall auf technische Hilfsgeräte im Haushalt wie Wäschetrockner und Geschirrspülmaschine zugreifen. Insoweit ist nach Schulz-Borck/Hofmann, Tabelle 1a, ein Abschlag vorzunehmen, weil diese Hilfen bei der Ermittlung des allgemeinen Arbeitszeitbedarfes von Hausfrauen nicht unterstellt worden sind.

4. Vorsorglich wird auch die Höhe des anzusetzenden Nettolohnes für eine entsprechende Haushaltshilfe bestritten.

Auch während der Krankenhausaufenthalte der Klägerin wäre eine nach BAT X zu bezahlende Ersatzkraft ausreichend gewesen, weil lediglich der Ehemann der Klägerin zu versorgen war und die Ausfallzeiträume der Klägerin – zugegebenermaßen auch in ihrer Leitungsfunktion – insoweit auf lediglich jeweils eine Woche beschränkt waren. Darüber hinaus ist während diesen Zeiträume nicht von einem reduzierten 2-Personen-Haushalt auszugehen, sondern von einem 1-Personen-Haushalt.

(Unterschrift Rechtsanwalt)

7. Muster: Klage zum Unterhaltsschaden

An das
Landgericht
50922 Köln

Klage

1. der Hausfrau Monika Schmitz,
2. des Schülers Georg Schmitz,
beide wohnhaft Urbacher Weg 137, 51145 Köln,

– Kläger –

Prozessbevollmächtigte: RAe Hammerkamp & Partner, Köln

gegen

1. die Allgemeine Beamtenversicherung AG, Marienplatz 61, 50935 Köln, gesetzlich vertreten durch den Vorstand, dieser vertreten durch den Vorstandsvorsitzenden Emil Meyer, ebenda,

Schaden-Nr. 12 KH 14-2001

– Beklagte zu 1) –

2. den Oberstudienrat Günther Becher, Fürst-Pückler Str. 333, 50933 Köln

– Beklagter zu 2) –

wegen Schadenersatz aus Verkehrsunfall.

Anträge:

I.

1. Die Beklagten werden als Gesamtschuldner verurteilt, an die Klägerin zu 1) 7.000,00 EUR nebst 5 % Zinsen über Basiszinssatz seit Rechtshängigkeit zu zahlen.
2. Die Beklagten werden als Gesamtschuldner verurteilt, an die Klägerin zu 1) ein angemessenes Schmerzensgeld, mindestens jedoch 2.500,00 EUR, nebst 5 % Zinsen über Basiszinssatz seit Rechtshängigkeit zu zahlen.

Anhang

3. Die Beklagten werden als Gesamtschuldner verurteilt, an die Klägerin zu 1) eine monatliche Geldrente, deren Höhe in das Ermessen des Gerichts gestellt wird, mindestens jedoch 842,00 EUR, beginnend am 01.10.2001, jeweils vierteljährlich im voraus zum 01.01., 01.04., 01.07. und 01.10. eines jeden Jahres, bis zum 30.09.2026 zu zahlen.
4. Die Beklagten werden als Gesamtschuldner verurteilt, an die Klägerin zu 1) die rückständige monatliche Geldrente für den Zeitraum vom 16.05.2000 bis 30.09.2001, deren Höhe in das Ermessen des Gerichts gestellt wird, mindestens jedoch 842,00 EUR, nebst 5 % Zinsen über Basiszinssatz seit dem jeweiligen 02. der Monate zu zahlen.
5. Es wird festgestellt, dass die Beklagten als Gesamtschuldner verpflichtet sind, der Klägerin zu 1) sämtlichen weiteren, über die Anträge zu Ziffer 3. und 4. hinausgehenden Unterhaltsschaden aus dem Verkehrsunfall vom 15.05.2000 in Köln zu ersetzen.

II.

1. Die Beklagten werden als Gesamtschuldner verurteilt, an den Kläger zu 2) eine monatliche Geldrente, deren Höhe in das Ermessen des Gerichts gestellt wird, mindestens jedoch 978,00 EUR, beginnend am 01.10.2001, jeweils vierteljährlich im voraus zum 01.01., 01.04., 01.07. und 01.10. eines jeden Jahres, bis zum 13.12.2003 zu zahlen.
2. Die Beklagten werden als Gesamtschuldner verurteilt, an den Kläger zu 2) die rückständige Geldrente für den Zeitraum vom 16.05.2000 bis 30.09.2001, deren Höhe in das Ermessen des Gerichts gestellt wird, mindestens jedoch 978,00 EUR, nebst 5 % Zinsen über Basiszinssatz seit dem jeweiligen 02. der Monate zu zahlen.
3. Es wird festgestellt, dass die Beklagten als Gesamtschuldner verpflichtet sind, dem Kläger zu 2) sämtlichen weiteren, über die Anträge zu Ziffer 3. und 4. hinausgehenden Unterhaltsschaden aus dem Verkehrsunfall vom 15.05.2000 in Köln zu ersetzen.

III.

Im schriftlichen Vorverfahren ergeht Versäumnisurteil, wenn die Beklagten ihre Verteidigungsabsicht nicht fristgerecht mitteilen.

Gründe:

Gegenstand der Klage sind Schadensersatzansprüche aus einem Verkehrsunfall vom 15.05.2000 in Köln, bei dem Herr Michael Schmitz, Ehemann der Klägerin zu 1) und Vater des Klägers zu 2), getötete wurde. Mit der vorliegenden Klage machen die Kläger Unterhaltsansprüche nach § 844 Abs. 2 BGB sowie die Klägerin zu 1) als Alleinerbin des Michael Schmitz weitere Schadenersatzansprüche wegen angefallener Beerdigungskosten sowie Schmerzensgeldansprüche geltend.

1. In der Nacht vom 12. auf den 13.05.2000, 2.00 Uhr, befuhr der Ehemann bzw. Vater der Kläger mit seinem Pkw die vorfahrtsberechtigte Hauptstraße in Köln, als plötzlich kurz vor ihm der Beklagte zu 2) mit seinem bei der Beklagten zu 1) versicherten Pkw als Linksabbieger ohne Blinkzeichen aus dem Rösberger Weg auf die Hauptstraße einbog. Trotz sofort eingeleiteter Vollbremsung kam es zum Zusammenstoß der Fahrzeuge.

Beweis: 1. Beiziehung und Verwertung der Akten des Amtsgerichts Köln, Aktenzeichen: 120 Ds 138 Js 235/00
2. Einholung eines Sachverständigengutachtens.

Der Ehemann und Vater der Kläger erlitt bei dem Unfall unter anderem schwerste innere Verletzungen, Brüche beider Beine sowie einen Schädelbasisbruch. An den Folgen des Unfalles verstarb er noch am gleichen Tag im Krankenhaus Heilig Geist in Köln.

Beweis: 1. Arztbericht des Dr. med. Müller vom 30.05.2000 in Fotokopie, *Anlage K 1*
2. Einholung eines Sachverständigengutachtens.

Die Beklagten lehnen jede Haftung ab. Sie berufen sich auf eine angeblich erhebliche Geschwindigkeitsüberschreitung sowie verspätete Bremseinleitung durch den Verstorbenen. Bei Einhaltung der zulässigen Geschwindigkeit von 50 km/h und ebenso sofortiger Bremsreaktion wäre der Unfall vermeidbar gewesen. Darüber hinaus sei der Unfall nicht im Kreuzungsbereich, sondern nach vollständigem Abschluss des Abbiegevorganges des Beklagten zu 2) erfolgt. Dies ist unzutreffend.

2. Infolge des Todes ihres Ehemanns musste die Klägerin zu 1) als Alleinerbin des Verstorbenen Kosten anlässlich der Beerdigung in einer Gesamt-

höhe von 7.000,00 EUR aufbringen (wird ausgeführt und unter Beweis gestellt).

3. Die Klägerin macht des Weiteren aus übergegangenen Recht als Alleinerbin einen Schmerzensgeldanspruch ihres am 15.05.2000 verstorbenen Ehemanns geltend. Dieser erwachte vor seinem Tod nochmals für fünf Stunden aus dem Koma und litt bei Bewusstsein an erheblichen Schmerzen bis zu seinem Versterben, so dass hierfür ein Schmerzensgeldbetrag in Höhe von 2.500,00 EUR angemessen erscheint.

   Beweis: Einholung eines Sachverständigengutachtens.

4. Aufgrund des von dem Beklagten zu 2) allein verschuldeten Unfalles stehen den Klägern darüber hinaus erhebliche Schadensersatzansprüche in Form einer Geldrente wegen Tötung eines Unterhaltspflichtigen gemäß § 844 Abs. 2 BGB zu.

   Die Kläger waren gegenüber dem verstorbenen Herrn Schmitz unterhaltsberechtigt und wären dies auch weiterhin, wenn dieser noch leben würde. Der Ehemann bzw. Vater der Kläger sicherte neben dem Zuverdienst der Klägerin zu 1) mit seinem Einkommen den Familienunterhalt, war bei bester Gesundheit und hätte nach derzeitigen Erwartungen mindestens das 70. Lebensjahr erreicht.

   Zur Höhe der Rentenansprüche der Kläger ist Folgendes vorzutragen:

   a) Der am 01.10.1956 geborene und nunmehr vorzeitig verstorbene Ehemann bzw. Vater der Kläger arbeitete in Vollzeit als kaufmännischer leitender Angestellter und erzielte vor seinem Ableben ein monatliches durchschnittliches Nettoeinkommen in Höhe von 3.500,00 EUR. Daneben half er bei der Führung des Familienhaushaltes mit, wobei er 25 % der Haushaltführung entsprechend der Absprache zwischen den Eheleuten Schmitz übernommen hat.

      Beweis: 1. Vorlage des letzten 12 Gehaltsabrechnungen des Herrn Schmitz in Fotokopie, *Anlagenkonvolut K 2*
      2. Zeugnis der Eheleute Waltraud und Werner Schmitz, Brüsseler Str. 1313, 50935 Köln (hinsichtlich des Haushaltsführungsschadens).

Alleinerbin des Verstorbenen ist die Klägerin zu 1)

Beweis: Vorlage des Erbscheins vom 13.07.2000, *Anlage K 3*

b) Die Klägerin zu 1) selbst arbeitet 20 Std./Woche in Teilzeit und verfügt hierdurch über ein monatliches Nettoeinkommen in Höhe von 875,00 EUR.

Beweis: Vorlage der letzten 12 Gehaltsbescheinigungen in Fotokopie, *Anlagenkonvolut K 4*

Darüber hinaus erhält die Klägerin zu 1) infolge des Todes ihres Ehemann eine monatliche Witwenrente der LVA Rheinland in Höhe von 1.000,00 EUR.

Beweis: Bescheid der LVA vom 23.07.2000, *Anlage K 5*

c) Im Haushalt der Familie Schmitz sind folgende fixe Kosten der Haushaltsführung angefallen:

Mietaufwand inkl. Mietnebenkosten	1.500,00 EUR
Aufwand für Einrichtungsgegenstände, Hausrat	200,00 EUR
Versicherungsaufwand monatlich	100,00 EUR
Aufwand für Information und Kommunikation	50,00 EUR
Aufwand für Kfz	150,00 EUR
Fixkosten insgesamt pro Monat	2.000,00 EUR

Beweis: Mietvertrag, Kontoauszüge, Versicherungsscheine etc. in Fotokopie, *Anlagenkonvolut K 6*

Der Anteil der Klägerin zu 1) an den Fixkosten beträgt 60 % und der des Klägers zu 2) 40 % (vgl. insoweit auch Aufteilung in Pardey, Berechnung von Personenschäden, 2. Auflage 2001, Rn 1200).

d) Den Haushalt führte die Klägerin überwiegend und entsprechend der familieninternen Absprache aufgrund ihrer geringeren beruflichen Auslastung zu 75 %.

Beide Kläger leben auch zum derzeitigen Zeitpunkt noch in der Familienwohnung. Bei dem Haushalt der Klägerin handelte es sich um einen gehobenen 3-Personen-Haushalt. Die Familie Schmitz bewohnt eine 150 qm große Mietwohnung.

Beweis: Bereits vorgelegter Mietvertrag, *Anlage K 6*

Da der Haushaltsführungsschaden normativ zu berechnen ist, kann als Anhaltspunkt für die gebotene Schadenschätzung gemäß § 287 ZPO der Nettolohn einer erforderlichen und geeigneten Hilfskraft herangezogen werden. Der tatsächliche Zeitbedarf für die Fortsetzung der Haushaltsführung im rechtlich geschuldeten Umfang kann insoweit in Anlehnung an die von Schulz-Borck/Hofmann entwickelten Tabellen hinsichtlich des wöchentlichen Arbeitszeitaufwandes der Hausfrau geschätzt werden. Da das Leitbild der typischen Hausfrauenehe überholt ist, können die dortigen Ausführungen grundsätzlich auch zur Berechnung des Ausfalls eines Hausmannes bzw. Ehemannes bei Mithilfe im Haushalt herangezogen werden. Der dort abgedruckten Tabelle 1 ist zu entnehmen, dass eine Hausfrau für einen reduzierten 3-Personen-Haushalt gehobenen Standards durchschnittlich einen Arbeitszeitaufwand von 52,9 Std./Woche und für einen 3-Personen-Haushalt von 61,9 Std./Woche hat (vgl. Schulz-Borck/Hofmann, Schadenersatz bei Ausfall von Hausfrauen und Müttern im Haushalt, 6. Auflage 2000).

Von den im Haushalt anfallenden Arbeiten hatte der Ehemann der Klägerin zu 1) entsprechend der getroffenen Absprache wöchentlich Arbeiten im Umfang von 15 Stunden (ca. 25 % der gesamten Haushaltsführung) erbracht, die nunmehr nicht mehr erbracht werden können und daher von der Klägerin zu 1) übernommen werden mussten. Unter Zugrundelegung der Kosten für eine Ersatzkraft nach BAT X ergibt sich aus den Vergütungstabellen von Schulz-Borck/Hofmann damit eine entgangene Haushaltsführungsbeteiligung des Verstorbenen im Wert von gerundet 520,00 EUR.

Der Kläger zu 2) hat keine regelmäßigen Arbeiten im Haushalt erbracht und sollte aufgrund der Vorbereitungszeit für das Abitur hierzu entsprechend der familieninternen Absprache nicht verpflichtet sein.

Hinsichtlich der Quote wegen entgangener Haushaltführung wurde entsprechend den Fixkosten von 60 % für die Klägerin zu 1) und 40 % für den Kläger zu 2) ausgegangen (so auch Küppersbusch, Personenschaden, 7. Auflage 2000, Rn 248).

e) Der am 14.12.1985 geborene Kläger zu 2) ist derzeit noch Schüler, verfügt nicht über eigenes Einkommen und wohnt bei der Klägerin zu 1). Er wird im Sommer 2003 voraussichtlich sein Abitur machen und möchte anschließend ein Jura-Studium beginnen. Seit dem Tod seines Vaters erhält er zumindest bis zur Volljährigkeit Halbwaisenrente in Höhe von 250,00 EUR pro Monat.

f) Der Klägerin zu 1) ist daher ein erheblicher Unterhaltsschaden entstanden. Sie stellt die Höhe des Schadensersatzes in das Ermessen des Gerichts, hält aber insgesamt als monatlichen Rentenmindestbetrag 842,00 EUR für angemessen.

Sie hatte gegen Ihren Ehemann sowohl einen Anspruch auf Bar- als auch auf Naturalunterhalt. Die Eheleute Schmitz hatten die Haushaltsarbeiten im gegenseitigen Einvernehmen untereinander im Verhältnis von 75 % für die Klägerin zu 1) zu 25 % für den verstorbenen Ehemann verteilt. Daher waren beide Ehegatte vor dem Versterben des Herrn Schmitz auch unterhaltsrechtlich verpflichtet, in entsprechendem Verhältnis Naturalunterhalt in Form von Haushaltsführung zu erbringen. Hinsichtlich des Barunterhaltes bestand ein Anspruch beider Ehepartner sowie des Klägers zu 2) an der Beteiligung an den jeweiligen Nettoeinkommen.

Der Unterhaltsschaden der Klägerin zu 1) errechnet sich wie folgt (Berechnung in Anlehnung an Berechnungsbeispiele in Küppersbusch, Rn 296 ff.; BGH VersR 1984, 79; BGH Vers 1984, 963):

Anhang

Mutmaßliches Nettoeinkommen des Mannes	3.500,00 EUR
abzgl. Anteil des Ehemannes an den festen Kosten der Haushaltsführung: 2.000,00 EUR (fixe Kosten) x 3.500,00 EUR (Einkommen des Mannes) : 4.375,00 EUR (Familieneinkommen) =	1.600,00 EUR
für Familienunterhalt zur Verfügung stehendes Einkommen des Ehemannes	1.900,00 EUR
40 % Unterhaltsanteil der Kl. zu 1) von 1.900,00 EUR	760,00 EUR
60 % Fixkostenanteil der Kl. zu 1) von 1.600,00 EUR	960,00 EUR
entgangener Barunterhalt	**1.720,00 EUR**
zzgl. 60 % der entgangenen Haushaltsführung von 520,00 EUR	312,00 EUR

abzgl. Vorteilsausgleich

Einkommen der Kl. zu 1)	875,00 EUR	
abzgl. Fixkostenanteil Kl. zu 1)	400,00 EUR	
Zwischensumme	475,00 EUR	
abzgl. 40 % von 475,00 EUR Unterhaltsanteil Ehemann		190,00 EUR
abzgl. Witwenrente der LVA Rheinland		1.000,00 EUR
Schadensersatz Kl. zu 1)		**842,00 EUR**

g) Dem Kläger zu 2) ist ebenfalls ein Unterhaltsschaden entstanden, den er in das Ermessen des Gerichts stellt. Er hält insgesamt als monatlichen Rentenmindestbetrag 978,00 EUR für angemessen, wobei die bezogene monatliche Halbwaisenrente in Höhe von 250,00 EUR berücksichtigt wurde:

20 % Unterhaltsanteil des Kl. zu 2) von 1.900,00 EUR	380,00 EUR
40 % Fixkostenanteil des Kl. zu 2) von 1.600,00 EUR	640,00 EUR
entgangener Barunterhalt	**1.020,00 EUR**
zzgl. 40 % der entgangenen Haushaltsführung von 520,00 EUR	208,00 EUR
abzgl. Vorteilsausgleich Halbwaisenrente	250,00 EUR
Schadensersatz des Kl. zu 2)	**978,00 EUR**

4. Da noch nicht absehbar ist, wie sich die Einkommens- bzw. Ausbildungssituation für die Kläger weiter entwickeln wird, beide Kläger jedoch zukünftig weiterhin Anspruch auf Schadenersatz wegen Unterhaltsentziehung haben werden, besteht ein jeweiliges Feststellungsinteresse der Kläger hinsichtlich der Anträge unter I. 5. und II. 3.

5. Der geltend gemachte Zinsanspruch ergibt sich aus den §§ 291, 288 Abs. 1 S. 2 BGB analog.

(Unterschrift Rechtsanwalt)

8. Muster: Klageerwiderung zum Unterhaltsschaden

An das
Landgericht Köln
50922 Köln

Aktenzeichen: 25 O 249/02

In Sachen

Schmitz ./. Allgemeine Beamtenversicherung AG und Becher

bestellen wir uns zu Prozessbevollmächtigten der Beklagten.

Antrag: Die Klage wird abgewiesen.

Gründe:

Die geltend gemachten Ansprüche werden sowohl dem Grunde als auch der Höhe nach bestritten.

1. Eine Haftung der Beklagten für den streitgegenständlichen Verkehrsunfall ist nicht gegeben. Der zu dem tragischen Tod des Ehemannes bzw. Vaters der Kläger führende Verkehrsunfall ist weder vom Beklagten zu 2) verschuldet worden noch hat sich die Betriebsgefahr des bei der Beklagten zu 1) versicherten Fahrzeuges realisiert.

Entgegen dem Vortrag in der Klageschrift hat sich der Verkehrsunfall nicht im Kreuzungsbereich Hauptstr./Rösberger Str. ereignet, sondern ohne Einfluss des tatsächlich vorausgegangenen Abbiegevorganges erst hinter dem Kreuzungsbereich auf der Hauptstr. Es handelte sich daher um einen Auffahrunfall, der dadurch zustande kam, dass sich der Ehemann bzw. Vater der Kläger der späteren Unfallstelle mit 90 km/h und damit fast 100 %-iger Geschwindigkeitsüberschreitung näherte und erheblich verspätet eine Bremsung einleitete. Bei Einleitung des Abbiegevorganges konnte der Beklagte zu 2) das Fahrzeug des Verstorbenen noch gar nicht wahrnehmen. Er musste mit einem infolge erheblich überhöhter Geschwindigkeit plötzlich herannahenden Fahrzeug nicht rechnen. Das Spurenbild ist dokumentiert worden und lässt Rückschlüsse auf die Ausgangsgeschwindigkeit des von dem Ehemann bzw. Vater der Kläger geführten Fahrzeuges, dessen verspätete Bremsreaktion und den hinter dem Kreuzungsbereich liegenden Unfallort zu.

Beweis: Sachverständigengutachten.

2. Obschon die Ansprüche bereits dem Grunde nach zurückzuweisen sind, tragen wir vorsorglich auch zur Höhe wie folgt vor:

a) Die Beerdigungskosten sollen nicht bestritten werden.

b) Das geltend gemachte Schmerzensgeld ist in Anbetracht der lediglich kurzen Zeit des Bewusstseins des Verstorbenen und damit relativ kurzen Leidensphase übersetzt. Keinesfalls sollen die unstreitig schwersten und zum Tode führenden Verletzungen des Ehemannes bzw. Vaters der Kläger und die hierdurch wahrgenommenen Schmerzen abgewertet werden.

c) Die geltend gemachten Schadensersatzansprüche wegen entgangenen Unterhalts der Kläger sind übersetzt.

Die bei der Berechnung des Unterhaltsschadens zugrunde gelegten Einkommen und Renten werden nicht bestritten.

Bestritten wird allerdings die Höhe der fixen Kosten, soweit es sich um die Kosten für Hausrat sowie Information und Kommunikation handelt. Hier sind lediglich die anfallenden Grundgebühren für Telefon, Radio und Fernsehen anzusetzen. Darüber hinaus ist durch Schätzung gemäß § 287 ZPO ein Abschlag bei den Mietnebenkosten vorzunehmen, da aufgrund des Versterbens des Ehemanns und Vaters der Kläger diese Kosten im Verbrauch um eine Person reduziert werden. Sowohl bei Strom als auch Wasser ist mit einem Rückgang der Verbrauchskosten zu rechnen (so auch BGH VersR 1986, 39; BGH VersR 1986, 264 = NJW 1986, 715).

Des Weiteren ist vorweg ein Abzug für Vermögensbildung in Höhe von mindestens 250,00 EUR vorzunehmen. Die Vermögensbildung ist unterhaltsrechtlich nicht geschuldet (BGH NJW 1992, 1044, 1046). Bei Einkommen der hier vorliegenden Größenordnung und Verwendung ohne Vermögensbildung bestünde ansonsten eine verschwenderische Lebensführung, die unterhalts- und schadensrechtlich unberücksichtigt zu bleiben hat. Bei hohen Einkommen besteht grundsätzlich eine Vermutung, dass Rücklagen zur Vermögensbildung getätigt worden wären. Schadensrechtlich ist die Grenze der Erforderlichkeit des Unterhaltsaufwands zu beachten (BGH VersR 1984, 961 = NJW 1985, 49). Bei Abzug von beispielsweise 250,00 EUR für Vermögensbildung verbliebe immer noch ein mehr als angemessener Verbrauch für den Familienunterhalt von 4.125,00 EUR! Die Kläger mögen sich insoweit zu den in der Vergangenheit getätigten Sparrücklagen äußern.

Bei der Berechnung des Barunterhaltsschadens des Klägers zu 2) ist die Sättigungsgrenze zu beachten und damit eine Korrektur vorzunehmen. Vorliegend liegt das Familieneinkommen in einer Größenordnung über den allgemeinen Unterhaltsbedarf hinaus. Daher bestimmt sich der Ersatzanspruch des Klägers zu 2) nicht nach dem Prozentsatz am Gesamteinkommen, sondern danach, welche Beträge des Einkommens der Unterhaltspflichtige hätte aufwenden müssen, um dem Kind denjenigen Lebensunterhalt zu verschaffen, der nach der Lebensstellung angemessen ist. Mangels anderer Anhaltspunkte und ohne Nachweis konkreter Bedarfsposten kann die Sättigungsgrenze für den Lebensbedarf nach der Höhe der Düsseldorfer Tabelle aus dem höchsten ausgewiesenen Nettoeinkommen entnommen werden (so auch Pardey, Berechnung von Personenschäden, 2. Auflage 2001, Rn 1149 ff.).

Es wird bestritten, dass der Ehemann bzw. Vater der Kläger tatsächlich 15 Stunden wöchentlich Haushaltsarbeiten neben seiner Vollzeitbeschäftigung erledigt hat.

Darüber hinaus wäre aber auch der Vorteil zu berücksichtigen, der aufgrund der Stundenreduzierung bei der gesamten Haushaltsführung infolge nunmehrigen Vorliegens eines reduzierten 3-Personen-Haushaltes vorliegt. Es kann also nicht einfach der Schaden unter Zugrundelegung des Wegfalls von angeblich 15 Stunden Haushaltsarbeit berechnet werden, sondern die Verringerung des gesamten Haushaltsführungsbedarfes von neun Stunden (bei Übernahme der Berechnungsdaten der Kläger) ist als Vorteil zu berücksichtigen, so dass lediglich die Differenz von sechs Stunden als Ausfall zu berücksichtigen wäre.

(Unterschrift Rechtsanwalt)

Stichwortverzeichnis

Fette Zahlen bezeichnen die Kapitelnummer, magere Zahlen die Randnummern innerhalb des Kapitels.

Abkommen über die Vergütung für Aktenauszüge aus Unfallstrafakten **10** 15, Anhang VI
Abrechnung
– auf Gutachtenbasis **6** 12 ff.
– auf Neuwagenbasis **6** 3 ff.
Abschleppkosten **6** 154 ff., **3** 7, 10, 11
Aktenauszug **10** 15
Anwaltskosten **10** 1 ff.
– „DAV-Abkommen" **10** 14
– Erforderlichkeit **10** 2 ff.
– Erstattungspflicht **10** 8 ff.
– Hebegebühr **10** 11 ff.
Anwaltswahl **2** 13 f., 18
Arbeitgeber als mittelbar Geschädigter **8** 13 ff., **10** 10
Arbeitsanweisung für Abrechnung von RA-Gebühren **10** 14 ff., Anhang V
Arbeitsunfähigkeitsbescheinigung **8** 17
Arbeitsunfall **7** 46
– Schmerzensgeld **7** 46
Ausland-Unfall **15** 1 ff.
– Schadenregulierungsbeauftragter **15** 3
– Tatortprinzip **15** 1
– zentrale Auskunftsstelle **15** 3
Ausschlussfrist **18** 1 ff.
Auswahlverschulden **5** 10 ff.

Beerdigungskosten **8** 2 f.
Beratungspflichten
– bei Mandatsübernahme **1** 14
– schadenminderndes Verhalten **1** 1 ff.
– Unterrichtung der eigenen Haftpflichtversicherung **1** 5 ff.
Betreuungsunterhalt **8** 7
Beweisführung **5** 14 ff., **13** 11 ff.
Brand **4** 3

Checkliste Unfallregulierung Anhang I

„DAV-Abkommen" **10** 14 ff.
Deutsches Büro Grüne Karte e.V. **15** 4, Anhang IV
Dienstleistung, entgangene **8** 9

Entgangene Dienstleistung **8** 9
Entgangene Unterhaltsleistungen **8** 5 ff., Anhang VI.7 (Klagemuster), Anhang VI.8 (Klageerwiderungsmuster)
Entschädigungsfonds **14** 1 ff.
Entschädigungsstelle **15** 5, 7
Ersatzfahrzeug *siehe* Mietwagen
Ersatzkraft **8** 12
Ersatzteilaufschlag **6** 44
Erwerbsobliegenheit **7** 4 ff.

Fahrzeugschaden **6** 2 ff.
– kongruenter **3** 7 ff.
– Neuwertentschädigung **6** 6 ff.
– Reparaturkosten **6** 12 ff.
– Restwerterlös **6** 33 ff.
– Selbstreparatur **6** 13, 25
– Übererlös **6** 36, 38
– wirtschaftlicher Totalschaden **6** 3, 21 ff.
Fiktive Schadenabrechnung **6** 19 ff.
Fragebogen für Anspruchsteller **1** 11 f., Anhang II

Gerichtsstand **13** 8 ff.
Glasschaden **4** 2
Grüne-Karte-System **16** 1 f., Anhang IV
Gutachten
– Abrechnung auf Gutachtenbasis **6** 13, 16 ff.
– Haftung für unrichtiges **6** 145, 149, 153
– unbrauchbares **6** 143

Haftpflichtversicherung
– Anzeigepflicht **1** 10, **2** 2 ff.
– Beratungspflicht **1** 13
– Information durch Zentralruf **1** 9 ff.

Stichwortverzeichnis

- Obliegenheiten **2** 1 ff.
- Prozessführungsbefugnis **2** 13 ff.
- Regulierungsvollmacht **2** 11 f.
Haushaltsführungsschaden **7** 28 ff., Anhang VI.5 (Klagemuster), Anhang VI.6 (Klageerwiderungsmuster)
Hebegebühr **10** 11 ff.
Heilbehandlungskosten **7** 1 ff.
- Behandlungspflicht **7** 2 f.
- Erwerbsobliegenheit **7** 4 ff.
Heilungskosten **7** 12 ff.
Inlandsunfall mit Auslandsbeteiligung **16** 1 ff.
Interimsfahrzeug **6** 58 ff.
Kaskoversicherung
- Teilkaskoversicherung **4** 1 ff.
- Vollkaskoversicherung **3** 1 ff.
Klageerhebung
- Beweisführung **13** 11 ff.
- Gerichtsstand **13** 8 ff.
- Prozessparteien **13** 2 ff.
- taktisches Vorgehen **13** 1 ff.
Kongruenter Fahrzeugschaden **3** 7 ff.
Kreditkosten **6** 165 ff.

Mehrwertsteuer **6** 20, **9** 1 f.
Merkantiler Minderwert **6** 157 ff.
Merkblatt zur Bearbeitung von Auto-Haftpflichtschäden durch den Verein Deutsches Büro Grüne Karte und den Verein Verkehrsopferhilfe sowie über die Möglichkeiten der Hilfestellung des Deutschen Büros Grüne Karte bei Schadenfällen im Ausland Anhang IV
Miettaxi **6** 96 ff.
Mietwagen
- Ausfall älterer Kfz **6** 67, 105
- Dauer **6** 46 ff., 80
- Eigenersparnis, Abzug für **6** 75 ff.
- Haftungsfreistellung **6** 88
- Interimsfahrzeug **6** 58 ff.
- Kilometerleistung **6** 78 ff.
- Notreparatur **6** 58 ff.
- Nutzungsausfallentschädigung **6** 107 ff.
- Preisvergleich **6** 61

- Sondertarife **6** 68
- Unfallersatztarif **6** 64
- Verhältnis Mietwagenkosten zu Reparaturkosten **6** 72 ff.
Mittelbar Geschädigte **8** 1 ff.

Nebenkosten **6** 197 ff.
Neuwagenbasis, Abrechnung auf **6** 6
Neuwertersatz **3** 4
Neuwertiges Fahrzeug
- Neuwagenbasis **6** 6
- Neuwertentschädigung **6** 6 ff.
Notreparatur **6** 26, 55 ff.
Nutzungsausfallentschädigung **6** 94 ff.
- Nutzungsmöglichkeit **6** 120 ff.
- Nutzungswille **6** 120
- Schadenminderungspflicht **6** 100
- Selbstreparatur **5** 1 ff., **6** 118 ff.

Obliegenheiten
- gegenüber Haftpflichtversicherung **2** 1 ff.
Personenschaden **7** 1 ff.
Prozessparteien **13** 2 ff.

Quotenvorrecht/Differenztheorie **3** 5 ff., Anhang III

Rechtsschutzversicherung **2** 12, 16, **12** 1 ff.
- Anzeigepflicht **2** 1 ff., **12** 3 ff.
- Kostenbeteiligung der Rechtsschutzversicherung **12** 8
- Obliegenheiten **12** 5
- Unfallflucht **12** 6 f.
- Wartezeit **12** 4
Regulierungsvollmacht des Versicherers **2** 11 f.
Reparaturkosten **6** 12 ff.
Reparaturwerkstatt *siehe* Werkstatt
Restwerterlös **6** 33 ff.
Rückstufungsschaden **6** 184

Sachverständigengutachten **6** 129 ff.
- unbrauchbares **6** 143 ff.
Sachverständigenkosten **6** 147 ff.
- Bagatellgrenze **6** 136
- Kostenvoranschlag **6** 140
Sachverständigenverfahren **3** 15 ff.

Stichwortverzeichnis

Sachverständiger
- Auswahl **6** 131 ff.
- Beauftragung **1** 13
- Erfüllungsgehilfe **5** 8
- Gutachten, unbrauchbares **6** 143 ff.
- Honorarhöhe **6** 147 ff.
- Vertrag mit Schutzwirkung zugunsten Dritter **6** 149

Schadenabrechnung, fiktive **6** 19 ff.

Schadenanzeige
- gegenüber Haftpflichtversicherung **2** 2 ff.
- gegenüber Vollkaskoversicherung **3** 2

Schadenminderungspflicht
- Auswahlverschulden **5** 2 ff.
- Bedeutung **1** 1 ff., **5** 1 ff.
- Beweislast **5** 14 ff.
- Erfüllungsgehilfen **5** 8
- Nutzungsausfallentschädigung **6** 107 ff.
- Sachverständigenkosten **6** 147 ff.
- Überwachungsverschulden **5** 13
- Umfang **1** 1 ff., **5** 1 ff.

Schadenregulierungsbeauftragter **15** 3

Schmerzensgeld **7** 43 ff.
- Arbeitsunfall **7** 46
- Beweislast **7** 41
- Rechtsgrundlage **7** 33
- Übertragbarkeit/vererblich **7** 40

Selbstreparatur **6** 12 ff., 20 ff.

Standgeldkosten **6** 34

Sterbegeld **8** 4

Tabelle „Ruhkopf/Sahm" **6** 159
Tabelle „Sanden/Danner/Küppersbusch" **6** 116
Tatortprinzip **15** 1
Teilkaskoversicherung **4** 1 ff.
Totalschaden, wirtschaftlicher **6** 3, 23 ff.

Übererlös **6** 38 ff.
Überwachungsverschulden **5** 10
Ummeldekosten **6** 195
Umsatzsteuer *siehe* Mehrwertsteuer

Unerlaubtes Entfernen vom Unfallort *siehe* Unfallflucht
Unfall im Ausland *siehe* Ausland-Unfall
Unfallflucht
- Entschädigungsfonds **14** 2
- Rechtsschutzversicherung **12** 6 f.

Unfallfragebogen **1** 12 f., Anhang II
Unfallhelferringe **1** 7 ff.
Unfallkredit **6** 169 ff.
Unfallstrafakten
- Abkommen über die Vergütung für Aktenauszüge aus **10** 16 ff., Anhang VI

Unterhaltsleistungen, entgangene **8** 5 ff., Anhang VI.7 (Klagemuster), Anhang VI.8 (Klageerwiderungsmuster)

Unterhaltsschaden **8** 5 ff., Anhang VI.7 (Klagemuster), Anhang VI.8 (Klageerwiderungsmuster)

Verbringungskosten **6** 44
Verdienstausfall **7** 1 ff., 20, **11** 1 ff.
Verjährung **17** 1 ff.
Verkehrsopferhilfe e.V. **15** 5, 7, Anhang IV
Vermehrte Bedürfnisse **7** 19
Vollkaskoversicherung
- Anwaltskosten **3** 18
- Anzeigepflicht **3** 2 ff.
- Neuwertersatz **3** 4
- Quotenvorrecht/Differenztheorie **3** 5 ff., Anhang III
- Sachverständigenverfahren **3** 15 ff.

Werkstatt
- Auswahl(-verschulden) **5** 10 ff.
- Beauftragung **1** 13
- Erfüllungsgehilfe **5** 8
- Überwachung(-sverschulden) **5** 13

Wiederbeschaffungskosten **6** 191
Wirtschaftlicher Totalschaden **6** 1, 23 ff.

Zentrale Auskunftsstelle **15** 3 f.
Zentralruf der Autoversicherer **1** 8 ff., **15** 4